EMPREENDA
SEM FRONTEIRAS

Empreenda on-line em qualquer lugar do mundo
e viva uma vida com horários flexíveis
ganhando mais dinheiro do que jamais imaginou

CARO LEITOR,
Queremos saber sua opinião sobre nossos livros.
Após a leitura, curta-nos no facebook/editoragentebr,
siga-nos no Twitter @EditoraGente
e visite-nos no site www.editoragente.com.br.
Cadastre-se e contribua com sugestões, críticas ou elogios.
Boa leitura!

EMPREENDA
SEM FRONTEIRAS

Empreenda on-line em qualquer lugar do mundo
e viva uma vida com horários flexíveis
ganhando mais dinheiro do que jamais imaginou

BRUNO PINHEIRO

CONHEÇA O MÉTODO QUE JÁ TRANSFORMOU A VIDA DE **250 MIL PESSOAS**

DIRETORA
Rosely Boschini

GERENTE EDITORIAL
Marília Chaves

EDITORA E SUPERVISORA DE PRODUÇÃO EDITORIAL
Rosângela de Araujo Pinheiro Barbosa

ASSISTENTES EDITORIAIS
César Carvalho e Natália Mori Marques

CONTROLE DE PRODUÇÃO
Karina Groschitz

PREPARAÇÃO
Entrelinhas Editorial

PROJETO GRÁFICO
Bruno Brum

CAPA
Ricardo Nazário

DIAGRAMAÇÃO
Balão Editorial

REVISÃO
Ana Luiza Candido

IMAGEM DE CAPA
Freepik

IMAGENS DE MIOLO
Acervo pessoal do autor

ILUSTRAÇÕES
Ricardo Nazário

IMPRESSÃO
Edições Loyola

Copyright © 2016 by Bruno Pinheiro
Todos os direitos desta edição são reservados à Editora Gente.
Rua Pedro Soares de Almeida, 114,
São Paulo, SP – CEP 05029-030
Telefone: (11) 3670-2500
Site: http://www.editoragente.com.br
E-mail: gente@editoragente.com.br

Dados Internacionais de Catálogo na Publicação (CIP)
Angélica Ilacqua CRB-8/7057

Pinheiro, Bruno
  Empreenda sem fronteiras / Bruno Pinheiro. - São Paulo : Editora Gente, 2016.
    192p.

ISBN 978-85-452-0125-0

1. Empreendedorismo 2. Sucesso nos negócios 3. Sucesso I. 4. Trabalho – Autorrealização Título

16-0920   CDD 658.421

Índices para catálogo sistemático:
1. Empreendedorismo 658.421

Dedico este livro às pessoas que desejam ter uma vida mais livre e que estão realmente dispostas a fazer acontecer e a escrever a própria história.

Dedico também às mulheres que estão cada vez mais presentes no empreendedorismo e decidiram quebrar o paradigma em que a mulher nasceu para ser esposa dedicada e estão transformando o mundo dos negócios e a vida dos homens.

Desejo que você faça uso deste livro como uma semente que mudará seu futuro.

Agradecimentos

Quero começar este livro agradecendo a você por ter dado o primeiro passo e tentar uma mudança em sua vida e, principalmente, aos meus alunos que acreditaram em mim e vêm aplicando na própria vida o que eu falo aqui — tenho acompanhado a evolução de vocês e seus primeiros resultados. Não há nada mais gratificante que poder fazer parte disso, mesmo que seja por um pequeno momento.

Vocês verão ao longo desta obra que falo muito sobre a base do seu negócio, mas antes disso temos a nossa própria base, a nossa família. Sem eles, eu não estaria aqui, pois me ajudam todos os dias nos momentos mais difíceis e comemoramos juntos muitos momentos felizes.

Tenho gratidão por minha mãe, Sigrid, por seu espírito nômade, minha irmã Luana, que me ajuda em tudo o que peço, sem pedir nada em troca, e meu irmão Leandro, pelas palavras e conversas, mesmo que rápidas por estarmos em países diferentes, e principalmente pelo esforço e cuidado que teve com nosso pai nos momentos mais difíceis.

Obrigado, família, por estar junto comigo.

Agora vamos à minha mais nova família, minha *chérie* linda, que fez tudo se tornar realidade, e que está sempre ao meu lado, ajudando-me, dando opiniões e que me deu os dois maiores presentes que uma pessoa pode receber, meus dois filhos, Ella e Noam.

Obrigado por me acompanhar pelo mundo e me ajudar em nossos empreendimentos digitais e fazer acontecer o site Família Sem Fronteiras.

Algumas pessoas foram essenciais para a construção da minha carreira, entre elas meus dois únicos chefes, Eloy Tuffy e Bruno Juliani, que contribuíram muito para meu crescimento, e minhas equipes de trabalho, sem as quais não estaria aqui. Um agradecimento especial a minha equipe atual que me atura e ajuda todos os dias, nos horários mais loucos, por ser tudo remoto.

Prefácio

QUEM CRIA

Fiz o serviço militar num quartel da Baixada Santista.

Lá havia um cabo – vamos chamá-lo de Felício – que estava se aposentando, indo para a reserva. Era um sujeito inteligente e trabalhador, mas passou toda a vida como o cabo que cuidava da pocilga do quartel.

No seu último dia de trabalho, perguntei ao capitão da nossa companhia, logo depois que se despediu da gente:

– Por que o cabo Felício não foi promovido a sargento? Por que passou a sua carreira toda como cabo cuidando dos porcos? Ele é trabalhador e dedicado, deveria ter tido uma carreira melhor.

O capitão respondeu:

– Ele sempre foi muito apegado à pocilga e não deixava ninguém cuidar dos porcos. Na cabeça dele, só ele sabia cuidar da pocilga. Quando mandávamos alguém ajudá-lo, ele ficava criando tanto caso, que ninguém aguentava trabalhar com ele. No organograma do quartel, quem cuida da pocilga deve ser um cabo. Quando pensávamos em promoções e selecionávamos os cabos para fazer o curso para sargento, sempre falávamos no Felício para ser promovido, mas sempre um oficial dizia para não mexermos com o cabo Felício, pois era o único que sabia cuidar da pocilga.

A maneira de pensar do Felício fez com que ele nunca fosse promovido.

Muita gente trabalha com a mentalidade do cabo Felício.

Não sabe como automatizar o seu negócio e acaba escravo dele.

Se você sente que o seu negócio se tornou uma fonte de problemas, é hora de analisar a sua mente para ver se as suas ideias estão criando mais preocupação do que lucros...

É aqui que este livro entra na sua vida para abrir a sua mente...

Bruno Pinheiro é marqueteiro de formação, e poderia muito bem ter escolhido manter a carreira de executivo que já havia decolado, mas percebeu cedo que nosso sistema atual de trabalho está ruindo. Com um objetivo claro em mente, tornou-se especialista em negócios digitais de grande lucratividade e hoje trabalha de qualquer lugar do mundo junto com a sua família. Em menos de dois anos já visitou 40 países enquanto ajudava negócios a ganharem milhões de reais com estratégias de marketing digital e modelos de vendas vencedores. Esse estilo de vida parece sedutor para você? Acredite em mim: você não é o único.

Bruno descobriu cedo que é feliz quem viaja com mala leve, e, apesar de ser um mestre dos lucros, seu maior objetivo não é o dinheiro, mas sim a liberdade. Ele não é o único: eu tiro quatro meses de férias por ano e administro algumas empresas participando somente em uma reunião mensal do conselho de administração.

Neste livro, você vai aprender a estruturar o negócio que vai lhe dar as três liberdades: de tempo, de espaço e de capital. Com uma estrutura de marketing e vendas que pode ser aplicada a qualquer negócio, Bruno ensinará você a desenvolver a alta performance que vai se refletir diretamente no seu faturamento. Seus exemplos e técnicas se aplicam a negócios físicos, produtos digitais, profissionais autônomos e até para pessoas que ainda não sabem ao certo o que vender – mas também já entenderam que prezam a liberdade mais do que tudo.

Eu estou sempre em busca do novo, do inédito. Meus alunos e amigos sabem que estou constantemente de olho no próximo passo. E sempre que vejo um novo talento fico observando suas ideias. Bruno é um dos maiores pensadores dessa nova geração. As ideias dele podem ajudar você a transformar a sua vida de empresário de uma forma radical.

Reclamar não é uma solução.

Ficar falando de crise não resolve nada.

Acusar o cliente só cria insônia.

O que você precisa é de novas ideias e aqui você terá um monte delas. Inovação, criatividade e método. O Bruno sabe para onde o mundo está caminhando e como o mercado se comportará diante dessas mudanças, e ele quer dividir esses conhecimentos com você. Você pode aceitar esse convite agora e ter acesso a um método capaz de proporcionar toda a liberdade que você quer e merece.

Saia na frente e entenda como ganhar dinheiro de qualquer lugar, além de transformar seus clientes em verdadeiros fãs do seu trabalho. Empreenda sem fronteiras, tenha um sucesso sem fronteiras.

ROBERTO SHINYASHIKI
Psiquiatra e palestrante, é autor de best-sellers como *Problemas? Oba!* e *O sucesso é ser feliz*

Sumário

15 Introdução

24 CAPÍTULO 1
Você quer viver uma vida melhor — e quem não quer?

38 CAPÍTULO 2
Se hoje fosse o último dia...

50 CAPÍTULO 3
Se o sucesso fosse garantido, o que você faria?

76 CAPÍTULO 4
Seis modelos de negócio on-line que você pode estudar

94 CAPÍTULO 5
A lógica do mundo mudou

128 CAPÍTULO 6
Passos para criar um negócio e um estilo de vida independente de mecenas

148 CAPÍTULO 7
Acompanhe seus resultados e não tenha medo de mudar de direção

166 CAPÍTULO 8
Crie a sua vida

178 CAPÍTULO 9
Eu criei a minha vida, e desejo o mesmo para todos

Introdução

Confesso que quando eu era da turma do fundão, nunca imaginei que escreveria este livro, por isso darei o meu melhor para conseguir inspirá-lo a construir a vida que merece e fazer o que realmente gosta, sem se preocupar com falta de tempo e de dinheiro.

Publicar um livro é uma decisão muito difícil, e diversas pessoas já me perguntaram o que eu, tão jovem, teria a dizer com este. Recentemente minha vida passou por uma grande transformação, decidi dar uma volta ao mundo, perdi meu pai e logo em seguida tive dois filhos lindos, a Ella e o Noam. Além disso, ainda me tornei uma referência em empreendedorismo on-line em decorrência de meus resultados em negócios digitais e por ajudar centenas de pessoas a fazer o mesmo. Com este livro, completo o famoso paradigma: plantar uma árvore, escrever um livro e ter um filho. Cumprir o paradigma só por cumpri-lo não mudou muita coisa, mas ter passado por essas experiências trouxe mudanças à minha vida.

A vida é feita de experiências, portanto, viva, faça, pois somente assim poderá falar se algo é bom ou ruim, dando a cara a tapa. Este livro foi feito para você descobrir um novo mundo e colocar em prática o que será abordado. O que tenho para passar definitivamente não é minha biografia, mas minha biografia com certeza fará parte de diversos momentos desta obra.

A decisão de escrever este livro veio nos últimos anos, depois de ter entrado em contato com pessoas cheias de potencial, as quais, no entanto, eu não podia ajudar individualmente. Meu auxílio se dava por meio de cursos e treinamentos, que nem sempre estão dentro das possibilidades financeiras de quem me procura.

No meu negócio ajudei milhares de profissionais liberais, autônomos e pequenas empresas a mudar de patamar. Ensinei pessoas a atingir faturamento trabalhando em casa, ou em qualquer lugar do mundo, assim como faço, escolhendo todos os meses os lugares mais magníficos onde trabalhar. Dessa forma, inspiro e ajudo essas pessoas a se tornarem empreendedores digitais e a construir o próprio estilo de vida, assim como já auxiliei pequenos negócios a se tornarem grandes em faturamento.

E como eu poderia ajudar as pessoas que não vivem na internet? Aquelas que ainda não se sentem confortáveis para aprender por meio de vídeos? Como poderia ajudar mais gente além das mais de 230 mil pessoas que estão cadastradas em minha lista para receber lições de empreendedorismo todas as semanas, e a qual cresce assustadoramente todos os dias?

Este livro existe porque sou um empreendedor digital com o propósito de mudar a vida profissional das pessoas e, consequentemente, sua vida pessoal também, ou seja, sou alguém que decidiu viver uma vida de nômade pelo mundo, um pai, um marido, um estudante, um amigo, um professor, um viajante. Sou tantas coisas que precisei construir uma vida que se integrasse a todas elas.

No entanto, o que vejo o tempo todo quando me procuram é que a maioria das pessoas levam uma vida que não respeita a própria essência e que não lhes permite serem quem são. Quando se dão conta disso, porém, já passaram um terço da existência esperando para poder viver.

Além disso, a realidade brasileira me deixa indignado, pois a média salarial em nosso país não proporciona condições para uma pessoa morar bem, estudar, muito menos viajar duas vezes por ano. Resumindo, é muito difícil ter uma vida digna.

Essa realidade pode ser verificada em números. O último censo do Instituto Brasileiro de Geografia e Estatística (IBGE) informou que o salário médio do brasileiro está em torno de 1.700 reais, enquanto as brasileiras como grupo separado na pesquisa ganham uma média de 1.400 reais! Com o aluguel no país em torno de 33 reais o metro quadrado no momento em que escrevo este livro, uma pessoa não consegue sobreviver em um apartamento pequeno de 40 metros quadrados com o salário que recebe (um aluguel mensal de 1.320 reais).

Introdução

Recebo e-mails muito parecidos de quem ainda não sabe como começar. As reclamações se misturam com descrições de uma vida que eu conheço muito bem. Pessoas que batalham para acordar cedo, tomam café correndo, saem de casa para encarar o trânsito caótico e ficam cansadas antes mesmo de começar o dia.

Eu sei como é a sensação de chegar até a mesa do escritório, abrir o e-mail e encontrar um verdadeiro inferno de tarefas que se multiplicam. Você sente que a vida está passando muito rápido — na primeira palavra do seu filho que você não ouviu, no abraço na sua mãe que você não deu, na falta de paciência para responder uma mensagem do seu cônjuge porque você estava tendo um dia caótico na empresa.

E assim você sente que a vida se perde porque não vive o dia a dia, pois quando tudo começa a funcionar, você já está trabalhando, e no momento em que finalmente sai do trabalho as lojas e os parques já fecharam, tudo já aconteceu. Na verdade, você mal sabe como a rua se parece no meio do dia (só nos curtos intervalos para o almoço). A felicidade é aquilo que acontece no fim de semana e nas férias — dias felizes, mas nem tanto assim, pois você ainda precisa lidar com as limitações financeiras que o seu salário lhe impõe, uma vez que a maioria dos empregados (salvo raras exceções) mal ganha o suficiente para sobreviver.

Afinal, durante a semana não dá para ser feliz seguindo regras com as quais você não concorda, sendo remunerado abaixo do que você gera de riqueza, percebendo que não tem reconhecimento dos superiores. Trabalhar assim é confortável para muita gente, mas talvez, simplesmente por ter este livro em mãos, não seja para você. E farei de tudo para mudar essa situação em sua vida, porque fiz para mim e venho replicando esse método de sucesso para os meus alunos.

Não tem como não pensar: "Mas será que viver é só isso?" ou "O que preciso fazer para viver melhor?".

Escolhi uma vida de nômade digital, e consegui isso com base no conhecimento que compartilhava e no quanto ajudava as pessoas que atendia — você ainda vai conhecer melhor minha história ao longo

Bruno Pinheiro | Empreenda sem fronteiras

destes capítulos. Viajo o mundo para adquirir e vender conhecimento, compartilho experiências e não acredito que meu modo de vida seja o único correto. Contudo, acredito que minha missão de vida é inspirar e ajudar pessoas a criar o próprio modo de vida, para a família e para a vida financeira.

Escolhi ser um empreendedor sem fronteiras, uma pessoa que consegue ter as três liberdades: de tempo, de dinheiro e geográfica. Os empreendedores sem fronteiras são um sintoma da nova geração que hoje está tomando o mercado e tem vontade de mudar o sistema para viver com mais qualidade e com valores diferentes. Um empreendedor sem fronteiras prefere ter liberdade de trabalhar em qualquer lugar do mundo e no horário que escolher em vez de trabalhar em uma casa de quatro andares. Não estou dizendo que isso seja o certo ou que todos devem fazer o mesmo, mas é a nova forma que encontramos de viver melhor, deixar um legado e ganhar dinheiro sem sacrificar nossas famílias e nossos sonhos.

Acredito que cada um deva ter a oportunidade de escolher que caminho seguir, e pode ser em qualquer lugar do mundo.

Esse lugar pode ser sua própria casa junto com seus filhos, se este for o melhor lugar em sua visão, ou, como vários amigos meus fizeram, em um local em busca de melhor qualidade de vida, seja no Brasil, nos Estados Unidos ou na Europa. O importante é ter a liberdade de ser quem você é e viver como deseja.

Como escolhi ser um empreendedor sem fronteiras, tenho contato diário com a minha filha, mais do que qualquer pessoa que conheço. Ela sente meu afeto não por presentes, mas por saber que se ralar o joelho estarei perto para acudi-la e que pode ter a presença do papai na hora das refeições. Consigo desenvolver meu espírito, consigo entender minha vida muito mais do que quando estava na escalada da carreira corporativa.

Afinal, do mesmo modo que eu estava perdido, muitas pessoas estão, e elas podem tanto quanto eu tomar o destino nas próprias mãos. Ajudo meus alunos de empreendedorismo a fazer isso, e deixo claro que é muito mais simples do que parece — qualquer pessoa pode tomar o destino nas próprias mãos e começar um negócio. Empreender é uma das melhores decisões que você pode tomar, pois poderá fazer aquilo em que realmente acredita e de que gosta, sem seguir ordens ou executar tarefas que sabe que não levarão a lugar nenhum.

Eu me formei em Publicidade e sonhava em construir uma carreira lucrativa e muito criativa. Montei minha agência assim que me formei, e sempre olhei para o futuro pensando na quantidade de coisas que eu poderia fazer para melhorar a comunicação de empresas, aumentar o faturamento dos clientes, testar teorias e técnicas nas quais passava dias e noites pensando.

Abri uma agência de comunicação na cidade de Limeira, onde nasci, na cidade em que meu pai viveu a vida toda, pois acreditava que poderia usufruir dos contatos dele. Logo em seguida mudei para Campinas, onde passei grande parte da vida; lá eu me desenvolvi, mas, apesar do sonho e da quantidade enorme de trabalho, não consegui fazer o negócio decolar.

Em certo momento passei a desacreditar as mídias tradicionais, como outdoor, revista e televisão, pois exigiam muita verba para pouco retorno, como você verá mais adiante. Na internet, é possível anunciar e checar quantas pessoas visitaram sua loja e, se já tiver controle dos números, você saberá exatamente quanto vai vender. Por exemplo, em minha primeira campanha no Google, que havia montado para a Microcamp enquanto era gerente de marketing, a cada 1 real investido, eu tinha 43 reais de retorno.

Desde os seus primórdios, a internet já me fascinava, porque a cada mês surgem novas possibilidades para o marketing na rede. Mais tarde, em outros empregos corporativos — e isso vou lhe contar em detalhes ao longo do livro — tive o aprendizado necessário para iniciar minha vida de empreendedor sem fronteiras.

O que quero dizer para você é que já me senti preso e sem saída na profissão, e este livro é um agradecimento à vida, que me deu a chance de repensar meu caminho e tomar uma nova direção.

Não quero vender utopias, porque imagino que no futuro todos poderão se organizar do jeito que acharem melhor e ser livres em um mundo sem crachás e horas extras. Acredito que ainda será natural para as empresas ser 100% on-line (como a minha é), ou pelo menos parte on-line. Acredito que os empresários não vão se preocupar tanto com o que o funcionário está fazendo e mais com o que ele entrega. E ainda que o funcionário não estará tão preocupado em evitar o trabalho, pois saberá que é dono dele e do resultado que ele gera. Em vez de procrastinar, realizará tudo assim que puder, porque do outro lado de uma tarefa bem executada existirão recompensas que irão além da remuneração que recebemos hoje, existirão o tempo livre, a mobilidade, a leveza.

O ex-presidente do Uruguai, José Mujica, em uma entrevista para o documentário *Human*[1] disse algo muito tocante no qual acredito e que vou reproduzir para você:

> Inventamos uma montanha de consumos supérfluos. Compra-se e descarta-se. Mas o que se gasta é o tempo de vida. Quando compro algo, ou você compra, não pagamos com dinheiro, pagamos com o tempo de vida que tivemos que gastar para ter aquele dinheiro. Mas tem um detalhe: tudo se compra, menos a vida. A vida se gasta. E é lamentável desperdiçar a vida para perder a liberdade.[2]

---

1 Disponível em: <https://www.youtube.com/channel/UC4mGRD3WLYVVc4JI5LrXxUw>. Acesso em: 29 ago. 2016.

2 Assista ao vídeo na íntegra aqui: <http://brasil.elpais.com/brasil/2015/09/17/internacional/1442483934_276253.html>. Acesso em: 29 ago. 2016.

Eu vivo essa afirmação na prática, e passei a dar mais valor a ela quando segurei a mão do meu pai até seu último suspiro

e vi, no momento em que ele se foi, que realmente estamos aqui somente de passagem, ou seja, usamos um corpo e vamos para outro plano sem levar nada.

No caso dele, o corpo que foi deixado havia sido sugado pelo câncer, que tomou conta dele.

Apesar da prosperidade do meu negócio, a minha liberdade está diretamente associada à quantidade de "tranqueiras" que permito na minha vida. Como minha esposa e eu somos nômades e optamos por viajar o mundo com nossos filhos, mesmo com dois bebês, nossas posses nunca podem ultrapassar duas malas de 32 quilos, e isso é ótimo, porque percebemos que não precisamos de tanta coisa assim para viver.

A internet nos proporcionou um modelo de trabalho que já está revolucionando a vida das pessoas, mas o que proponho aqui é que você consiga aplicar o que ensino para qualquer negócio. Essa metodologia se aplica tanto ao trabalho on-line, off-line, para pequenas ou grandes empresas, para o profissional liberal, o autônomo ou até para quem está em um emprego sob o regime CLT e não o quer mais.

Sempre é possível mudar, e o retorno a partir de agora não depende mais de politicagens de empresas, de sofrimento, de não estar presente de corpo e alma na sua vida das 9 às 18 horas. Hoje, trabalho com corpo, alma e foco durante, no máximo, quatro horas por dia, faturando em um mês muito mais do que faturei somando todos os anos antes de ser empreendedor digital. O retorno agora depende do envolvimento e do foco.

Não adianta ser bem-sucedido e se sentir desesperado, ou trabalhar muito e continuar endividado. Nunca é tarde para refazer seu plano de vida, pensar em uma alternativa ou em um plano B.

Não quero vender uma ideia ilusória de "faça o que você ama e trabalhe muito pouco", quero dizer "faça o que combine com você", pois você vai, sim, trabalhar muito. Nunca mais, porém, sentirá que trabalhou o dia todo e não "rendeu" ou não conseguiu realizar nada. Trabalhe com propósito, construa sua identidade livre, seja um empreendedor sem fronteiras.

Pense fora da caixa agora e empreenda. Para ser feliz, você precisa sair da bolha que o aprisionou durante esses anos todos. Abra a mente, o mundo não se resume à sua bolha. Trata-se de mudar a chave mental para um modelo mais lucrativo, mais eficiente e prazeroso.

Este livro traz lições infalíveis de empreendedorismo e mentalidade adequada para que qualquer negócio renda frutos. Ao final de cada capítulo você terá uma tarefa prática que o fará revisar o que aprendeu e aplicar em seu negócio. Se ler este livro em um mês, garanto que ao final desse período já terá a clareza do que quer para sua vida e de como vai chegar lá com sucesso.

Em três anos, visitei mais de 40 países e gravei vídeos no Marrocos, no deserto do Saara; na Capadócia, na Turquia; em Tromso, no norte da Noruega; na Tower Bridge, em Londres, e em muitos outros lugares, sempre acompanhado da minha família e investindo em minha carreira — aos 14 meses, minha filha já conhecia 17 países.

As pessoas sempre nos dizem que não é possível ter tudo, mas eu quero deixar claro que "tudo" é uma parâmetro que muda de pessoa para pessoa. Encontrei o estilo de vida que sempre quis, e viver a minha verdade já gerou mais de 3,5 milhões de reais em negócios em 2016 e minha previsão é de que eles dobrem em 2017.

Como disse Mujica, a vida se gasta, não desperdice a sua e busque uma forma de empreender para ter a vida que sempre sonhou.

CAPÍTULO 1

Você quer viver uma vida melhor — e quem não quer?

Acredito que todo mundo sonha com sucesso e com algum conforto material para si mesmo e para a família, salvo raras exceções daqueles que fazem votos de pobreza. No entanto, mesmo que você não ligue muito para dinheiro, não seria feliz passando necessidade, sem atendimento médico, um lugar para morar e alimentação, ou seja, mesmo que dinheiro não importe tanto para você, ele importa para o seu bem-estar e para a manutenção de sua vida. Por esse motivo, todo mundo busca ganhar a vida de alguma forma, desde o investidor de mercado financeiro que ganha milhões, até a diarista que ganha pouco pelas horas que passa trabalhando, todos nós precisamos encontrar a nossa maneira de ganhar a vida.

Foi vendida para a maioria das pessoas uma ideia de que existe uma fórmula infalível para alcançar o sucesso: estude muito, prepare-se muito, comece a estagiar cedo, recicle-se o tempo todo com idiomas, cursos e pós-graduações (mas não se esqueça de conciliar isso com muitas horas extras não remuneradas, afinal, você precisa mostrar que está motivado). Assim, com o tempo, terá muitas promoções, resultados, reconhecimento e uma vida de conforto para você e sua família.

Como mencionei na Introdução, não existe muito mais para comprovar esse modo de vida: o salário médio é baixíssimo, as empresas reclamam que não conseguem sequer manter os funcionários registrados e o sistema, ainda que aos poucos, está entrando em colapso — tanto econômico quanto emocional.

Quero trazer para você a história do Paulo. Ele faz parte do grupo que os publicitários chamam de Geração Y. Tem 34 anos, fez uma ótima faculdade e um ótimo MBA. Paulo começou na empresa em que está, uma fabricante de produtos de limpeza líder de mercado, como analista. Graças a seu empenho e sua motivação, em seis anos se tornou gerente de marketing. Seu salário não é de se dispensar, especialmente em um momento de crise econômica.

No entanto, existe algo de errado, porque a sensação de Paulo é a de que faz dois anos que não aprende absolutamente nada sobre o negócio. Ele fez cursos de reciclagem, emplacou novos projetos na empresa, trabalhou mais de 12 horas em pelo menos metade dos dias úteis, ou seja, a vida parece uma sobreposição de dias todos iguais.

Os projetos em que estava envolvido e que muitas vezes começaram bem passaram por tantas modificações para atender à cultura da empresa, esquecendo que eram destinados aos clientes, que na maioria das vezes se tornaram mais do mesmo. Assim, depois de um tempo, Paulo entendeu que precisava ser um ótimo gestor de execução e simplesmente direcionar suas ações para evitar reclamações de superiores e outros departamentos. Enquanto a comunicação dos produtos estivesse acontecendo e as metas fossem batidas, tudo estaria bem, e para aprender a manter esse sistema ele não teve dificuldade.

Contudo, há alguns meses Paulo sente muita dificuldade para acordar cedo e ir ao trabalho. Ele perdeu o pique de ir para a academia antes do expediente e depois normalmente fica preso no trabalho por tantas horas que não consegue chegar a tempo. A falta de exercício físico o deixa ainda mais estressado e, o pior de tudo, muito decepcionado consigo mesmo. Com a pressão para atingir sempre novas metas e ao mesmo tempo manter sua equipe motivada ele começou a desenvolver um quadro de enxaqueca crônica e um aumento na queda de cabelos que é tão incômodo quanto a dor de cabeça.

Muitas pessoas lhe dizem que o problema é que agora ele está mais velho, e por isso ficou mais tranquilo. Sua sensação é de que se tornou apático, sem brilho, e Paulo ainda sente falta cada vez mais dos tempos em que trabalhar muito significava chegar em casa à noite e abrir uma cerveja da vitória, pensando no que teria de fazer no dia seguinte, já com gana de voltar. Quando trabalhar muito era ver as tarefas serem cumpridas e abrir novas portas para as pessoas e para oportunidades de aprender e ganhar mais dinheiro.

E agora? Agora ele conta os minutos para a sexta-feira acabar, fica mal no domingo à noite ao pensar em falar com o chefe na segunda-feira, sente uma pontada de pânico toda vez que atualiza sua caixa de e-mails.

Você conhece ou já esteve nessa situação? Quando continuar naquele trabalho que você um dia adorou começou a se tornar uma violência? Quando parece que as duas únicas opções são morrer de fome ou morrer de tédio? Fazer o que se faz simplesmente por fazer, porque é o que você já faz há anos e não temos uma boa economia para arriscar?

Muita gente vive a realidade de Paulo todos os dias, e muitas dessas pessoas me procuram pedindo respostas e caminhos novos para seguir. Elas geralmente estão infelizes e querem mudar de área porque são muito mal remuneradas. Na verdade, creio que metade dos profissionais que estão frustrados e querem sair do emprego teria seus problemas resolvidos com uma boa remuneração. Essas pessoas relatam que quando contratam coaches ou terapeutas, muitas vezes são aconselhadas a procurar um novo emprego na mesma área — e isso é muito frustrante, porque elas costumam encontrar a mesma situação em uma empresa diferente, ou até uma remuneração pior.

Para que você tenha uma dimensão do problema, um levantamento feito pelo site Trabalhando.com mostra que 39% das pessoas que aceitaram uma nova proposta não ficaram mais felizes[1] e que um avassalador número de 81% se sentiu enganada após a contratação. Mudar de emprego sem mudar de mentalidade e de sistema de vida pouco adianta, porque o profissional continua sendo explorado e desvalorizado. Já mudar de área não é tão fácil assim, principalmente depois dos 30 anos, quando você já se tornou um profissional sênior demais para assumir funções de entrada e caro demais para qualquer empresa. Além disso, não conseguirá um posto à sua altura nessa nova área pois não tem a bagagem necessária. Um profissional como Paulo, ao desejar mudar de área, está sugerindo jogar os últimos dez anos de trabalho no lixo.

Enquanto milhões de Paulos debatem internamente se sua frustração é normal, temos um Brasil com 10,4 milhões de desempregados — uma taxa que subiu 40% em apenas um ano.[2] Muitos deles eram também como Paulo: esforçados, com trajetórias brilhantes, explorados à exaustão para depois se tornarem desmotivados e tristes e, por fim, desempregados.

A pergunta que quero fazer a você é: onde está a segurança do trabalho fixo? Essas pessoas passam por uma situação ainda mais desesperadora em termos de vida profissional. Em um mundo no qual o dinheiro é a regra absoluta e sem o qual não se faz absolutamente nada, não ter perspectiva de remuneração pode deixar qualquer trabalhador louco e pronto para aceitar o que vier para pelo menos conseguir manter a fonte de renda para a alimentação da família.

Para mim, esse cenário mostra como a segurança de um trabalho das 9 às 18 horas, com carteira assinada e chefe é uma ilusão. Nós nos sentimos apoiados pela empresa e pela promessa do contrato firmado conosco, mas, na verdade, em questão de dias tudo pode mudar e podemos ter o chão retirado debaixo de nossos pés, como aconteceu com um número imenso de brasileiros.

---

1   Disponível em: <http://istoe.com.br/170174_OS+SEGREDOS+DE+QUEM+E+FELIZ+NO+TRABALHO/>. Acesso em: 29 ago. 2016.

2   Disponível em: <http://g1.globo.com/economia/noticia/2016/04/desemprego-fica-em-109-no-1-trimestre-de-2016.html>. Acesso em: 29 ago. 2016.

Além disso, hoje, de acordo com a idade, nem mesmo essa ilusão é possível. Por exemplo, se você tiver mais de 50 anos e sair abruptamente do mercado de trabalho, as chances de recolocação são muito pequenas — e qual seria seu plano B? Você pensou nele? Como em tantas outras áreas da vida, o que é tido como seguro é bem inseguro, uma vez que para manter um emprego você depende mais de fatores externos do que de si mesmo e da sua capacidade — assim como a zona de conforto é tudo, menos confortável. Se a zona de conforto é a escalada corporativa, por que esse modo de vida gera tanto estresse, problemas de saúde, infartos, depressão e ansiedade? Que conforto é esse?

Quem tem a sorte de manter um emprego, segundo as pesquisas mais recentes, nunca esteve tão infeliz com a vida profissional como está agora. Além das dores cotidianas que você conhece bem, como acordar cedo e enfrentar o trânsito, existem dores profissionais ainda maiores e que, em um primeiro momento, parecem impossíveis de resolver.

Nós já nos acostumamos a fazer piadas sobre a depressão de domingo à noite — piadas muito parecidas com as que nossos pais faziam. Para você ter uma ideia, em uma pesquisa de 2015 da Isma Brasil (International Stress Management Association), 72% dos brasileiros afirmaram estar infelizes no trabalho.[3] As causas mais citadas para essa frustração são, em primeiro lugar, para 89% dos entrevistados, a falta de reconhecimento e logo em seguida o alto número de tarefas.

Todo trabalhador honesto sabe quanto se esforça para continuar empregado, para ter uma formação que justifique seu salário e lhe abra portas. Todos nós estudamos muito, nos preparamos, oferecemos nosso melhor e, na maioria das vezes — como a própria pesquisa comprova —, acabamos nos sentindo apenas um número dentro das organizações tradicionais.

---

3 Disponível em: <http://g1.globo.com/concursos-e-emprego/noticia/2015/04/72-das-pessoas-estao-insatisfeitas-com-o-trabalho-aponta-pesquisa.html>. Acesso em: 29 ago. 2016.

Antes que pareça que estou dedicando este capítulo inteiro a falar mal de nosso país, quero deixar claro que o fenômeno da frustração com o trabalho é global e traz consequências cada vez mais sérias para a saúde física e psicológica das pessoas.[4]

O consultor indiano e professor da Universidade Harvard Raj Sisodia afirmou durante uma palestra em um evento em São Paulo que uma pesquisa da Gallup no mundo mostra que 72% das pessoas não gostam do próprio trabalho. Desse total, 18% estão "ativamente desengajadas", o que significa que têm interesse em prejudicar a própria empresa na qual trabalham.

Segundo essa mesma pesquisa, a taxa de "completamente desengajados" varia de 18% a 20%, o que quer dizer que uma em cada cinco pessoas no mundo tem o desejo de ativamente destruir a empresa na qual trabalha — uma frustração tão grande que, se você não é uma delas, provavelmente está trabalhando com várias dessas pessoas e sofre as consequências de suas ações.

Aqueles considerados engajados variam entre 28% e 30%. Nos últimos cinco anos o índice não passou de 30%. Sisodia ainda afirma algo com o qual concordo muito: "As pessoas precisam trabalhar em um lugar de que gostem". Na minha visão, isso significa algo além: poder escolher onde trabalhar e ter a liberdade de dispor de seu tempo. Essa liberdade e uma boa remuneração nos ajudam a ser ainda mais engajados em nossas profissões.

Pesquisas mostram que a maioria dos ataques cardíacos acontece na manhã de segunda-feira. Isso é um sinal de que há algo errado.[5] Sisodia criou o chamado "capitalismo consciente", que tem um direcionamento ligado ao bem social e não só em gerar lucros. Afinal, o que Sisodia prega é que a economia é feita de pessoas, e as estamos

---

4 Disponível em: <http://economia.uol.com.br/empregos-e-carreiras/noticias/redacao/2013/05/08/72-das-pessoas-nao-gostam-do-seu-trabalho-aponta-pesquisa.htm>. Acesso em: 29 ago. 2016.

5 Disponível em: <http://www.nytimes.com/2006/03/14/health/14real.html?_r=0>. Acesso em: 29 ago. 2016.

Capítulo 1 | Você quer viver uma vida melhor — e quem não quer?

ferindo e até matando com o sistema atual. Um dos pilares do capitalismo consciente é a necessidade de ter propósito naquilo que fazemos, algo do qual quero falar ao longo de todos os capítulos deste livro. O propósito faz toda a diferença, as pessoas que realmente ganham dinheiro e são felizes têm a vida direcionada pelo propósito. Você já parou para se perguntar qual é o seu ou como encontrá-lo?

E não pense que só falo aqui com quem trabalha em regime CLT em alguma empresa. O profissional autônomo é o que mais sofre com a crise e com os efeitos da infelicidade e da má remuneração no trabalho. Vejo psicólogos competentes, médicos, dentistas, que realizam o sonho do consultório próprio para depois notarem que os clientes não vêm à altura de todo o investimento.

Então, o que esses profissionais fazem? Pensam que o problema está em seu preparo, que precisam se atualizar. Esse profissional, assim, investirá ainda mais dinheiro em especializações, porque em sua mente o produto está errado (ou seja, o serviço que ele oferece), e não o modelo de negócio.

Contudo, o cliente que já era resistente a pagar antes se tornará ainda mais resistente a um profissional mais qualificado e, por consequência, mais caro. Essa situação cria um ciclo de frustração e infelicidade para esses profissionais, que se tornam cada vez melhores e mais atualizados para um público que não vê valor no serviço oferecido. Esses profissionais precisam saber como gerar valor para o seu serviço. Fique tranquilo, falarei mais sobre isso nos próximos capítulos.

Em entrevista à Infomoney,[6] o professor de administração Fábio Zugman reforçou essa dificuldade dos autônomos, afirmando que apenas ser bom no que se faz não é o suficiente, é importante saber conquistar clientes. Ele afirmou: "É útil formular cada etapa como uma pergunta: como um cliente em potencial descobre que você existe? Como ele marca um horário? Onde é atendido? Como é esse

---

6 Disponível em: <http://www.infomoney.com.br/carreira/noticia/2121531/profissionais-autonomos-tem-dificuldades-lidar-com-negocio-cometem-erros>. Acesso em: 29 ago. 2016.

atendimento? O que acontece depois? Todos os detalhes devem ser pensados para criar uma experiência positiva ao cliente". E eu aposto que a maioria dos autônomos ainda acredita que só conseguem construir seus negócios por meio de indicações e da boa vontade em baixar os preços.

Hoje é possível dizer que vivemos um momento de mudança de mentalidade quanto às regras do trabalho remunerado, porque cada vez mais as pessoas estão colocando a mão na consciência sobre o tempo que perdem ou ainda perderão se dedicando a algo que não amam ou que não vai lhes remunerar bem. Não podemos ignorar que 72% dos brasileiros estão infelizes.[7]

Quando decidi sair do Brasil e largar um emprego que me pagava muito bem, eu trabalhava em uma empresa com mais de 4.500 pessoas, tinha um relacionamento próximo com o presidente — no primeiro ano fui escolhido melhor funcionário do ano —, tinha bom salário e bastante status. Sempre tive o sonho de ser milionário, até me lembro de que quando era criança dizia que quando crescesse queria ser rico. Falava para meu pai que ia ter 1 milhão e trabalhar da praia antes dos 40 anos.

Na passagem por esse cargo executivo eu tinha um salário ótimo — por volta de 12 mil reais com os prêmios — e comecei a calcular quanto faltava para acumular 1 milhão; parecia impossível. Hoje já não é mais impossível (já cheguei a faturar esse montante em um único mês, mas como isso aconteceu conto nos próximos capítulos). Naquele momento, o LinkedIn (uma das maiores redes sociais do mundo) estava chegando ao Brasil e eu havia recebido uma proposta de trabalho quando eles estavam abrindo escritório aqui. Fiquei muito animado, porque meu sonho naquele momento era ter uma carreira corporativa em uma grande empresa de tecnologia. Eu tinha a chance de poder implementar uma das maiores empresas do mundo no Brasil e crescer muito, mas, como não falava inglês, perdi a vaga. Eu não estava preparado para viver meu

---

7 Disponível em: <http://istoe.com.br/170174_OS+SEGREDOS+DE+QUEM+E+FELIZ+NO+TRABALHO/>. Acesso em: 29 ago. 2016.

Capítulo 1 | Você quer viver uma vida melhor — e quem não quer?

sonho, não tinha o que era necessário. Você está preparado para a vida? Anthony Robbins tem uma frase de que gosto muito: "O encontro do preparo com a oportunidade gera o rebento que chamamos de sorte". Isso me motivou a largar tudo e ir para a Irlanda aprender inglês; quando parti, pensava em voltar para o Brasil e ao mercado de trabalho em seguida. No entanto, durante a viagem despertaram-se em mim a vontade e o desejo de dar a volta ao mundo. Foi então que comecei a estudar as oportunidades de negócios on-line, porque dar a volta ao mundo não combina com um emprego de carteira assinada, não é mesmo?

Trabalhando de uma ilha na Tailândia

Agora, pergunto a você: qual é o seu sonho? O que o seu eu interior mais deseja? O que faria aquela criança que você já foi ficar muito orgulhosa do adulto que você se tornou? Independentemente de seu direcionamento religioso, você realmente acredita que veio ao mundo para conquistar uma promoção na empresa, passar 12 horas por dia trancado no escritório e pagar várias parcelas de coisas que você mal aproveita?

E mais: você acredita que merece o direito de ver seus filhos crescerem, saber que vocês formaram laços de afeto com a base sólida do tempo compartilhado e do apoio e segurança que eles sentiam em você? Viajar o mundo, trabalhar de qualquer lugar e conseguir aprender a vida inteira, em vez de não saber ao certo o que aconteceu nos últimos três anos por terem sido dias todos iguais? Ou tudo isso parece uma utopia que só os herdeiros de grandes fortunas podem viver?

Pois a minha regra a partir de agora também vale para você: para realizar o impossível é preciso acreditar no impossível — essa frase é do filme *Alice no País das Maravilhas*, do diretor Tim Burton. Este livro lhe trará o plano de ação prático para viver a vida que você merece, apesar de ainda não acreditar nela. Não quero soluções mágicas, quero que você tenha aquilo que é seu direito: saúde, longevidade, vida pessoal, família, direito de viajar o mundo e fazer o que quiser. Você merece tudo isso.

E aquilo que parecia impossível era simplesmente o condicionamento que todos vivenciamos durante nossos anos de formação.

Plano de ação

Vamos para o primeiro exercício? Quero que você escreva em um caderno, ou mesmo neste livro, os seus sonhos — os mais loucos mesmo. Não precisa se reprimir nem pensar no que é necessário para chegar lá, porque você corre o risco de desistir. Ninguém vai ver essa lista, é um momento só seu. Se tudo pudesse acontecer, se todo o dinheiro estivesse à sua disposição, o que você faria? Se não fosse falhar, o que faria? O que sempre quis fazer? Eu, um menino simples do interior, sonhava em dar a volta ao mundo, e hoje estou perto de completar isso. Com o que você sonha?

Tire 30 minutos do seu dia, com o telefone desligado, sem distrações, e escreva furiosamente. Não se julgue enquanto estiver fazendo isso e veja o que sai durante essa sessão. Pense em todos os aspectos: pessoal, profissional, amoroso e familiar.

O que é ter sucesso para você?

Para mim, sucesso é poder fazer o que quero, ir para onde quiser e quando quiser, sem pensar em dinheiro ou em qualquer outro tipo de chateação de um negócio tradicional. Fiz um vídeo especial falando sobre isso, para você assistir mais tarde:

www.brunopinheiro.me/tersucesso

Último
DIA

CAPÍTULO 2

Se hoje fosse o último dia...

Vou fazer algumas perguntas e gostaria que você respondesse com sinceridade. Você já se pegou dizendo que o tempo está passando cada vez mais rápido e que em um piscar de olhos mais um ano se foi e você não conseguiu fazer nada de novo? Você se sente um escravo do seu trabalho ou da sua empresa e gostaria de ter mais tempo livre para viajar ou para ficar ao lado da sua família? Você já sentiu dificuldades em começar algo seu, mas tem receio ou dificuldade até de saber como começar ou o que fazer? Ou tem medo de não saber utilizar as ferramentas apropriadas e perder tempo com coisas que não dão certo? Ou gostaria apenas de aumentar a sua renda atual para ter mais segurança ou tranquilidade?

Se você faz parte desse grupo de pessoas, saiba que não está sozinho. Em uma pesquisa realizada pela Pactive Consultoria com mil profissionais empregados foi constatado que mais da metade (58%) já pensou em largar tudo e começar uma nova carreira. E mais: segundo os entrevistados, o trabalho interfere na felicidade pessoal, para 39% muito, para 31% razoavelmente e para 30%, pouco.[1]

No caso dos profissionais autônomos isso é ainda mais arriscado, porque, ao depender apenas de si mesmos para gerar dinheiro, é fácil perder o controle e aceitar mais uma consultoria, mais uma consulta, mais um processo, porque só você sabe a diferença que isso faz no final do mês. Os limites entre trabalho e vida pessoal ficam cada vez mais difusos, como é afirmado no livro *Empreendedores esquecidos*.[2] A profissão se mistura à identidade dessas pessoas, exigindo muito mais organização do que para um trabalhador de uma empresa – ou o autônomo pode perder a vida trabalhando.

Seja você autônomo, seja empregado (e eu já fui os dois), tenho certeza de que trabalha muito. Preciso que você seja sincero com o que vou lhe perguntar agora. Se hoje, de todos os outros dias que já viveu, fosse o último dia de sua vida, gostaria de ter passado como passou? Eu sei que é duro assumir certas coisas, mas você passaria seu último dia de vida trabalhando todas essas horas? Ou preocupado com as contas? Ou sentindo aquela pontinha de inveja do vizinho que acabou de voltar das férias?

A resposta é algo que só diz respeito a você, assim como a solução. No entanto, aprendi na minha trajetória que a maioria das pessoas que não gostam de sua profissão ou estão pensando em desistir ou têm um chefe muito ruim ou não estão sendo bem pagas. Em qual caso você se encaixa?

Nós não escolhemos nossa profissão por acaso, ela é um reflexo da nossa paixão maior ou da nossa necessidade mais urgente. Você foi fazer faculdade com um verdadeiro sonho no coração sobre as possibilidades daquela área de atuação, e, ao contrário do que vem pensando, talvez não tenha escolhido errado.

---

1 Disponível em: <http://www.agppesquisas.com.br/noticias-e-artigos/maioria-ja-pensou-em-largar-tudo-e-mudar-de-carreira-diz-pesquisa/>. Acesso em: 29 ago. 2016.

2 ZUGMAN, F. *Empreendedores esquecidos*. Rio de Janeiro: Elsevier, 2011.

Capítulo 2 | Se hoje fosse o último dia...

Muitas pessoas pensam que escolheram a carreira errada porque seus resultados financeiros são frustrantes, mas a maioria delas está na carreira certa vivendo uma situação e um modelo de negócio não lucrativos. Existe também uma parcela de pessoas que escolheu errado o que faria pelo resto da vida e hoje se debate com isso.

Quando escolhemos uma carreira, em geral somos bem jovens, e boa parte do que decidimos nessa época ainda se baseia muito na opinião dos outros, como família e amigos. Dificilmente temos maturidade suficiente para ouvir a nossa essência. Depois que passa a novidade dos primeiros estágios e desafios superados, a remuneração passa a parecer ruim e os empregos vão se tornando todos iguais. E ainda podem entrar no jogo frustrações maiores, como perceber que os seus pares, seus colegas naquele mercado não combinam com você, que você não se sente bem ali — como muitos profissionais liberais chegam a afirmar para mim.

Contudo, as pessoas se obrigam a trabalhar, porque é na batalha diária que se ganha o pão, não é mesmo? Precisamos ser responsáveis por nós mesmos e por quem amamos, e com o peso dessa responsabilidade essas pessoas sentem na pele a agonia de ver que os filhos estão crescendo, mas não podem passar o tempo com eles em nome de uma qualidade de vida que acreditam que precisam oferecer.

No entanto, essa qualidade de vida é material e se baseia no sacrifício diário dos pais, de sua saúde e de sua essência, mas os filhos precisam muito mais da presença, do exemplo e do apoio emocional que o pai e a mãe podem oferecer.

Agora, pense em como o seu filho o olhava quando era bem pequeno: alguém para quem ele sempre abria um sorriso porque ali estava um porto seguro, um super-herói, um protetor. É esse olhar que motiva os pais a oferecer o melhor, uma vida sem dificuldades financeiras, mas o preço para isso é caro demais e em tempos de crise muitas vezes o sacrifício nem traz a segurança que deveria trazer.

Enquanto você trabalha, o tempo passa, seu filho dá o primeiro passinho e você não vê, as mães se sentem cada dia mais culpadas de não estarem disponíveis em uma tarde de febre dos pequenos (e, na verdade, sentem-se como se sempre proibissem as crianças de ficarem doentes, com tantas prevenções geradas pelo medo de faltar no trabalho).

Enquanto escrevo esta página, estou na casa do meu tio no interior de Goiás e há alguns minutos conversávamos sobre nossa vida. Todo o dinheiro que sobra ele investe na compra de terras e gado, e se mata para pagar as faculdades dos filhos. Um deles estuda Medicina em uma faculdade privada, que é caríssima.

Nos últimos 25 anos ele se dedicou inteiramente ao trabalho e à construção de seu patrimônio, mas agora vai viajar pela primeira vez para o exterior com a esposa. Discutimos sobre a vida do meu pai, que aproveitou muito bem o tempo em que esteve entre nós, mas não deixou posses para os filhos, pois quis aproveitar seu dinheiro em vida e assim o fez. Ele era boêmio, gostava de uma tarde no bar, de se vestir bem e de viajar. Eu acredito que não existe certo ou errado. O meu certo talvez não seja o seu certo, mas tanto eu quanto meu tio refletimos sobre como talvez seja melhor realmente aproveitar a vida em vida, porque dela não conseguiremos levar nada.

Escrevi este livro em três meses, passei por quatro países e dezenas de cidades, depois de voltar do Brasil estou em minha casa no sul da França, em Cannet Plage. Hoje é dia dos pais, o segundo que passo sem meu pai, mas o segundo que passo com meus filhos e não tem nada melhor que poder trabalhar da forma como você vê nesta foto.

Pôr do sol nas Ilhas Gili Trawangan, Indonésia

Capítulo 2 | Se hoje fosse o último dia...

Se você quer superar a crise que tem abatido milhões de pessoas no Brasil e no mundo, e precisa — desesperada ou tranquilamente — fazer algo novo, algo que possa engajá-lo completamente, você faz parte do grupo de pessoas que deseja empreender. Ou seja, quer criar um negócio sólido, com um bom planejamento e uma boa rentabilidade. Minha missão é que você veja a crise passar sem se abalar, e que consiga suas vendas com base em um passo a passo que pode aplicar em seu dia a dia.

Esse passo a passo engloba conceitos simples e práticos que mudaram a minha vida, a dos meus clientes e a dos meus alunos. Atitudes que você pode colocar em prática antes mesmo de terminar de ler este livro. Vou lhe mostrar como ter um negócio on-line de sucesso e os elementos para conquistar os primeiros clientes, fazer as primeiras vendas e sentir o gostinho da liberdade de ter o próprio negócio. Vou ainda citar centenas de alunos que passaram por esse método e já tiveram resultados incríveis em pouquíssimo tempo, comparado a um negócio tradicional.

Para mim, sucesso é ter um negócio que proporcione mais tempo para mim e para minha família e liberdade de fazer o que eu quiser sem pensar em dinheiro.

Além disso, significa poder ir para qualquer lugar sem pensar na chateação de um negócio tradicional. Percorri mais de 40 países com a minha empresa e venho inspirando pessoas a construir um negócio de sucesso que lhes proporcione a mesma liberdade.

Antes de continuar, quero lhe propor uma coisa. Poste uma foto agora com o livro, mostrando onde você está e qual sua expectativa com a leitura. Compartilhe com o mundo e marque a *hashtag* #livroempreendasemfronteiras. Dessa forma, poderei identificar você e deixar um comentário. Combinado? Você pode ver também outras pessoas que estão lendo o livro apenas digitando essa *hashtag* (#).

Fui entrevistado pelo programa *Pequenas Empresas & Grandes Negócios* da Rede Globo[3] justamente para explicar o modo de vida no qual acredito e já construí para mim mesmo e muitos outros alunos. Vale a pena assistir!

Quando decidi empreender na internet apostei de início em um blog. Eu gravava vídeos e postava. Os vídeos eram feitos todos em casa, mas depois de um tempo o fundo branco começou a me incomodar e decidi fazer as gravações em outros lugares. Reparei que essa estratégia encantava as pessoas e se tornou o meu diferencial: falar de negócios em lugares inusitados.

Perceber que eu tinha essa liberdade de movimentação e de horário acendeu uma faísca em minha audiência. Com o blog, percebi que poderia transformar seguidores em relacionamentos e vendas. Hoje, minha lista de seguidores já passa de 230 mil pessoas, e considero todos grandes amigos. Muitas vezes nos apoiamos em momentos difíceis, momentos de virada, eu sei um pouco da vida deles e eles sabem — muito — da minha.[4]

Toda semana envio conteúdo gratuito para meus seguidores e, quando ofereço cursos, eles já estão engajados e se matriculam para iniciar seus negócios on-line — essa é uma das minhas fontes de faturamento.

O mercado brasileiro está apenas começando no empreendedorismo digital, dando os primeiros passos rumo ao negócio de infoprodutos (venda de conhecimento), pois temos uma verdadeira carência de educação no Brasil.

Nestes anos, o que eu havia aprendido com meu empreendimento e minha trajetória se somou aos cases de pessoas que ajudei e clientes que consegui impulsionar. No início, as pessoas que participaram dos meus treinamentos não acreditavam que poderiam ter um negócio

---

3 Disponível em: <http://brunopinheiro.me/pequenasempresas/>. Acesso em: 29 ago. 2016.

4 Se você quiser acompanhar minha vida também, siga-me nas redes sociais: <www.brunopinheiro.me/redessociais>. Acesso em: 29 ago. 2016.

Capítulo 2 | Se hoje fosse o último dia...

on-line de sucesso, mas agora já estão colhendo seus resultados, como os cases que você vai ver ao longo deste livro — todos histórias reais cujas entrevistas você pode acompanhar no meu canal do YouTube.

Um dos casos mais interessantes de alunos é o do Bruno Rodrigues, psicólogo, palestrante e professor. Ele se tornou um case que gosto de contar, pois conseguiu um crescimento de faturamento consistente. Bruno sempre teve um consultório com muitos pacientes, não tinha dificuldade para trazer clientes, tanto que a procura aumentava cada vez mais. Assim, aos poucos, ele começou a ensinar a alguns amigos e a alguns colegas psicólogos qual era o segredo.

Na verdade, Bruno não tinha nenhum segredo, mas de fato fazia algumas coisas diferentes no consultório que levava as pessoas até seus serviços. Foi quando descobriu o mundo digital, o marketing digital, e resolveu fazer um curso.

Então Bruno criou o curso Marketing On-line para Psicólogos. Teve a primeira turma, a segunda turma e começou a ajudar outros psicólogos a desenvolver seu trabalho, porque notou quanto sua classe sofre com a falta de clientes ou que é sempre necessário abaixar o valor da consulta para continuar trabalhando.

Mesmo com o sucesso das duas primeiras turmas, Bruno começou a passar por um momento crítico de falta de tempo. Para quem via de fora parecia que ele vivia a vida dos sonhos: tinha um consultório lotado, agenda cheia, pessoas que queriam se consultar. Dois dias da semana ele dava aulas em uma faculdade, e ainda tinha o curso on-line, com vários novos alunos.

Contudo, os resultados do curso on-line ainda não eram suficientemente satisfatórios para que deixasse uma de suas outras atividades: dar palestras pelo país, o que tomava muito tempo. Na primeira vez em que falei com ele, tive certeza de que era possível dobrar o seu faturamento em apenas três meses. Senti que ele desconfiou de início, mas, ao adotar o método, Bruno comprovou que mal tinha visto ainda o resultado que seu negócio poderia gerar.

Dito e feito, seu primeiro resultado, em um lançamento de curso depois das primeiras aulas, teve realmente o dobro de faturamento.

Como qualquer empreendedor, ele percebeu que sozinho não conseguiria elevar o nível do negócio. Mais uma vez ele me procurou, disse que fazia toda a diferença a atenção que eu lhe dava e todas as respostas de seus e-mails. Durante o processo, o conteúdo que eu oferecia gratuitamente lhe deu a segurança de que eu poderia ajudá-lo.

Hoje, Bruno Rodrigues pode dizer que tem a vida que queria. Com os resultados que atingiu, conseguiu se desfazer de algumas coisas, deixou alguns serviços de lado, ganhou tempo, passou a ter uma semana mais livre para si mesmo e para se cuidar, alcançou a melhoria tão sonhada de qualidade de vida. Além disso, consegue praticar atividades físicas, passear no parque, e se dedicar a sua paixão, escrever e ler por horas todos os dias.

E você? Está deixando o tempo passar e se tornando mais velho a cada ano sem efetivamente viver? Quero trazer um exercício que pode abrir seus olhos, para analisar como anda o seu equilíbrio.

" Pois a minha regra a partir de agora também vale para você: **para realizar o impossível é preciso acreditar no impossível**"

Plano de ação

RODA DA VIDA

Preencha a Roda da Vida de acordo com quão satisfeito está em cada área da sua vida. A Roda da Vida é um instrumento de avaliação muito simples e efetivo utilizado em processos de coaching. A sua criação é atribuída aos hindus, que entendiam que a pessoa precisa avaliar a própria vida com base na felicidade a partir desses 10 indicadores (existem rodas com 8 ou 12 indicadores, por exemplo).[5]

Para fazer a sua autoavaliação, é necessário preencher uma nota de 0 a 10 sobre como você sente que está em cada área. O objetivo é detectar quais áreas você precisa alavancar no momento, em quais colocar o foco e quais entender melhor.

Uma combinação de áreas negativas pode dizer muito, por exemplo, se você percebe que o trabalho, a família e o emocional vão mal, pode conseguir uma mudança de emprego que atenda às três áreas ao mesmo tempo. É bom fazer o exercício a cada seis meses e ver o que mudou. Preencha com sinceridade e faça uma lista no final da análise com as áreas que precisam de sua atenção e qual iniciativa pode ser tomada em curto, médio e longo prazos.

Para obter sucesso, é importante que você esteja equilibrado, pois se está em desequilíbrio, isso com certeza vai afetá-lo em outras áreas da vida.

Se quiser fazer o download da Roda da Vida para impressão, acesse agora mesmo: brunopinheiro.me/rodadavida.

---

[5] Disponível em: <http://abracoaching.com.br/wp-content/uploads/2015/06/ApostilaCoaching.pdf>. Acesso em: 12 set. 2016.

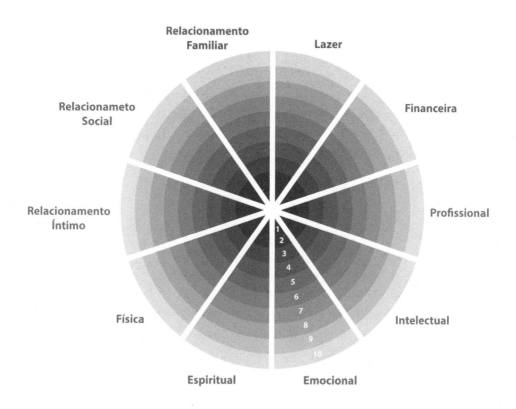

SUCESSO

CAPÍTULO 3

Se o sucesso fosse garantido, o que você faria?

Você já me conhece como o Bruno Pinheiro de hoje, que se tornou especialista em negócios on-line, mas eu queria um pequeno espaço para falar do Bruno de antes, porque acredito que isso poderá ajudá-lo.

A minha história de empreendedor começou quando ainda era criança. É engraçado lembrar, mas, quando eu tinha 6 anos, meu irmão Leandro e eu lavávamos túmulos em um cemitério de Piracicaba. Uma vez, no dia de finados, fomos para o cemitério sem falar nada para nossa mãe, lavamos um monte de túmulos, e chegamos em casa com muito dinheiro. Pegamos um pouco desse dinheiro e demos ao atendente do bar para comprar tudo em chiclete. Como nem sabíamos o que era dinheiro, ele nos deu três caixas e nos sentimos milionários!

Lembro até hoje da sensação e de como ficamos motivados para sempre sentir aquilo, e, claro, ter nosso carregamento de chicletes garantido para sempre. O meu primeiro trabalho remunerado foi com a minha mãe, em seu consultório odontológico, e em seguida com o meu pai.

Com ele, comecei como designer em sua empresa de mídia (placas de rua e outdoors) e já nesse tempo organizava a empresa. Depois de designer me tornei vendedor em diversas cidades do interior de São Paulo. Trabalhar com os pais é até mais difícil do que trabalhar para os outros, porque é autoridade de pai e de chefe na mesma pessoa, mas essa experiência foi boa. Eu tinha entre 15 e 18 anos e consegui mudar muitas coisas na empresa dele, porque levava muitas novidades. Minha paixão pelo digital sempre existiu, e consegui implantar na época um sistema de mídia digital e propagandas de TV que gerou muita renda para meu pai.

Eu me formei em publicidade, e, como todo jovem que termina a faculdade, sonhava em ter minha própria agência. Abri a agência e cheguei a ter 20 funcionários diretos. Atendi grandes clientes e principalmente a multinacional Eaton, que mudou minha visão de negócios e foi uma grande escola — fazia quase todo o marketing da empresa, como agência.

Naquela época quase nada era digital, e na Eaton aprendi como fazer a minha primeira campanha digital, a qual retornou mais de 300% de crescimento para eles, na linha de produtos que atendi. A partir daí, passei a desacreditar a mídia tradicional. Afinal, era só fazer as contas: se um cliente pequeno tem 10 mil reais para investir em marketing, consegue um pequeno espaço em uma revista ou outdoor por um tempo muito limitado e isso lhe traz poucos resultados. Com um valor pequeno para os parâmetros do mercado de mídia tradicional, em torno de 2 mil ou 10 mil reais, você gera um resultado ótimo na internet, faz anúncios diferentes e consegue usar os dados a seu favor para direcionar aquele investimento para o público certo.

O tempo de agência terminou com a chegada da crise de 2008, naquele momento, 70% dos meus clientes eram multinacionais e assim decidi vender minha parte na empresa. Fui buscar um cargo de gerência de marketing, e consegui. Entrei no grupo MC de escolas, do Eloy Tuffi, que foi um grande mentor profissional. Lá, quadrupliquei o meu salário em dois anos buscando resultados.

Capítulo 3 | Se o sucesso fosse garantido, o que você faria?

O grupo contava com mais de 150 escolas de inglês e informática, uma rede de agências de viagens e restaurantes. Esse foi um momento de aprender muito e correr atrás de metas. A empresa tinha uma verba gigantesca de marketing que me deu a liberdade de experimentar diferentes formas de anunciar e conseguir clientes. Como era de se esperar, parei de investir em mídias tradicionais e me voltei para mídias digitais.

O Eloy foi um mestre para mim, porque, além de injetar a veia das vendas em mim, ele incentivava meu posicionamento agressivo. Ele me ensinou que tinha que "chutar para o gol" e me deu sua lição mais poderosa: eu via o tempo todo o quanto ele era um vendedor nato e que mesmo sem faculdade havia criado aquele império a partir do seu dom para vender.

Ele me ensinou o raciocínio de vendedor, e em nossa primeira campanha on-line, nós nos tornamos um case de sucesso do Google. Tivemos um ROI (retorno de investimento) incrível. Em 2011, integramos YouTube, Adwords, muito conteúdo e todas as ferramentas possíveis em uma grande ação, e depois disso diversas escolas passaram a adotar esse modelo.[1]

Eu era o verdadeiro "queridinho do chefe", implementei a cultura digital em 150 escolas e a transmiti para mais de 4.500 pessoas por meio de muito treinamento e da mudança de cultura da empresa, uma das coisas mais difíceis de se fazer.

Como comentei no Capítulo 1, fiquei muito animado com a proposta que eu havia recebido do LinkedIn, que estava abrindo um escritório no Brasil na época, mas fui barrado por não saber falar inglês. Para alguém que já tinha alcançado tantos resultados, que conseguiu realizar sonhos em um período relativamente curto, foi um banho de água fria no meu desenvolvimento profissional. E eu jurei que não passaria por aquilo de novo.

---

1 Você pode ler mais sobre a minha primeira campanha neste link da revista *Exame*: <http://exame.abril.com.br/pme/noticias/microcamp-investe-r-1-milhao-para-fisgar-consumidor-na-web>. Acesso em: 29 ago. 2016.

Como já contei para você, larguei tudo e fui para Dublin, na Irlanda. Lá eu precisava imergir na cultura, e consegui um bom emprego na Provident Sugar CRM, representante de uma das maiores empresas de CRM do mundo. Ali conheci o *inbound* marketing, uma estratégia de educar o cliente em vez de apenas vender para ele. Hoje o *inbound* marketing está se tornando uma moda, porque as empresas começaram a ter uma visão mais complexa dos clientes, e muito do que você verá nos próximos capítulos vem da experiência com essa estratégia.

Eu me estabeleci bem em Dublin, e o próximo passo seria o processo de visto para ficar na Europa trabalhando para a Provident. No entanto, minha vida mudou novamente. Meu pai tinha um câncer que havia piorado muito, e não tive opção a não ser voltar para o Brasil e passar com ele seus últimos dias.

Às vezes fazemos todos os planos, estamos com tudo pronto, mas a vida derruba nossas pretensões, e precisamos sempre nos adaptar.

Quando falo da minha história, parece que tudo foi muito fácil, mas houve momentos em que a situação pressionava para que eu desistisse, e outros em que as dificuldades pareciam intransponíveis.

Voltei para o Brasil, porque os últimos dias do meu pai eram mais importantes do que qualquer plano naquele momento. O mais difícil foi vê-lo ficar cada vez mais debilitado. Ver aquele homem que era a minha base, o meu chão, precisando de tanto cuidado e parecendo tão frágil era muito difícil.

Eu precisava ficar do lado dele dando muita força e conversando bastante, falando sobre tudo o que eu estava fazendo e havia feito, contando com paciência cada detalhe da viagem, porque ele tinha muito orgulho de mim e gostava de conversar sobre minha vida profissional e meus planos para o futuro.

Capítulo 3 | Se o sucesso fosse garantido, o que você faria?

Lembro até hoje um dos últimos almoços que tivemos juntos, eu, meu pai, meu irmão e minha irmã, Luana, que é dentista. À mesa, ele deu alguns palitinhos a cada um de nós e pediu que quebrássemos. Logo em seguida, ele pediu que juntássemos as duas metades e quebrássemos novamente e todos quebraram. Aí novamente pediu que fizéssemos o mesmo com as quatro metades e não conseguimos, pois eram quatro palitos que deveríamos quebrar. Quando terminamos, ele disse: "Com vários palitos juntos é muito mais difícil, quero que vocês fiquem unidos a vida toda, pois juntos serão imbatíveis". E assim estamos.

Levo essa lição para os negócios todos os dias. Sozinho é muito difícil, procure se unir aos melhores, esteja em grupos ou procure um mentor para ajudá-lo a implementar suas ideias e melhorá-las.

Cuidar do meu pai era muito difícil, e agradeço imensamente ao meu irmão Leandro, pois, além de meu parceiro, ele foi o maior responsável por isso, cuidou dele todos os dias como se meu pai fosse o seu filho. Nunca vou me esquecer do dia em que meu pai foi embora. Ele estava em coma, eu voltei do Rio, entrei no quarto e, assim que entrei, ele levantou, mesmo sem forças, abriu os olhos e olhou para mim sem poder falar nada porque já não conseguia mais.

Eu vi a expressão nos olhos dele e falei: "Pai, não se preocupe, tudo vai ficar bem, vá em paz, meus irmãos e eu vamos ficar bem, tudo o que o senhor tinha que fazer já fez. Já nos educou e deu uma vida muito boa para nós. Nós te amamos muito". Ele deitou de novo, e eu o abracei junto à minha tia no quarto. Depois daquela frase, tirei o aparelho que o ajudava a respirar e ficamos os três de mãos dadas em silêncio até o último suspiro dele.

Senti sua alma ir embora e passar por mim. Minha respiração estava muito acelerada e de repente a calma se instaurou e o apito das máquinas tocou. Foi uma das experiências mais loucas que tive na vida, porque consegui ver ali, no último suspiro do meu pai, algo mágico em meio à tristeza cortante que eu sentia. Pude enxergar, durante a passagem de meu pai, que a gente vem para a Terra com um tempo tão limitado e utiliza um corpo que é um empréstimo de Deus, no caso dele um corpo bem debilitado, e vai embora.

Estamos na Terra de passagem. Temos um tempo tão curto, cujo término não controlamos. Naquele momento eu vi que não adiantava gastar a vida no trabalho, decidi que ia aproveitar meu tempo o máximo possível, ia aproveitar cada segundo da minha vida e comecei a minha volta ao mundo, tatuando o mundo no meu corpo.

Enquanto estava no Brasil para ficar ao lado do meu pai, consegui um emprego na Abracoaching, do Bruno Juliani, no Rio de Janeiro. Fui contratado como diretor de marketing e expansão de franquias, porque tinha uma experiência grande em franquias depois do grupo MC e, como sempre acontece, migrei a empresa para o digital, porque o meio crescia cada vez mais e gerava resultados ótimos.

Bruno Juliani fez parte da minha história também. Empreendedor nato, muito rápido e bem polêmico, foi ele quem me apresentou o mercado de infoprodutos e, não fosse o Bruno, com certeza eu não estaria onde estou hoje. Afinal, além da experiência em empreendedorismo digital, como ele tem uma escola de formação de coaches, eu me tornei coach com ele, o que fez grande diferença em minha vida profissional.

Aconselho que todos procurem uma formação, seja para coach, seja para utilizar no dia a dia. Eles vendiam cursos de formação em coaching presencial e migramos tudo para uma plataforma on-line. Durante essa experiência, a vontade de empreender novamente despertou. Eu me via gerando resultado para tanta gente e não conseguia deixar de pensar que esse resultado poderia ser para mim. Por que não?

Essa ideia se juntou ao sonho nascido na Irlanda de conhecer o mundo, de viajar e experimentar outras culturas, um sonho interrompido de repente por causa da doença de meu pai.

Contudo, em um emprego fixo, isso não poderia acontecer, eu precisava encontrar uma solução. A vida passava e meu sonho não poderia ficar esquecido. Ao mesmo tempo, eu tinha todas aquelas habilidades que poderiam se tornar um caminho para mim. Era a receita do bolo para o meu futuro, e eu estava a ponto de finalizá-la.

Em sua palestra inesquecível para a Universidade de Stanford, Steve Jobs fala sobre como é importante sabermos "ligar os pontos" de nossa vida.[2] Eu estava muito perto disso, e, se você for muito sincero nos exercícios deste livro, no final terá um mapa de pontos conectados que indicarão o plano de ação para o negócio que vai mudar a sua vida. Não importa que comece tarde, isso só significa que terá mais pontos de sua história para ligar. Acredite, parte dela você já construiu, só precisa enxergá-la de outro jeito.

Quando finalmente liguei meus pontos, lembrei-me de que tinha um blog em que não mexia havia algum tempo, então resolvi reativá-lo gravando vídeos sobre marketing. Esse foi o grande ponto de virada da minha carreira. Você não tem ideia do poder disso e de como é possível construir autoridade rapidamente na cabeça das pessoas que o assistem.

Essa era a minha paixão e talvez ela pudesse me trazer resultados que seriam só meus. O crescimento no número de inscritos foi muito rápido. Em apenas três meses, 6 mil pessoas se cadastraram, sem investimento em anúncios. Foi nesse momento que decidi virar a chave e sair da Abracoaching. Essa decisão ocorreu em maio de 2014, dois anos antes de escrever este livro.

O INÍCIO DO BLOG

Para alcançar resultados com um site, você precisa também de um blog dentro desse site, pois é por meio dele que vai se comunicar com o mundo e construir sua lista de relacionamentos. Com uma base de contatos, como e-mails, por exemplo, você começa a construir essa lista e as oportunidades de negócio começam a surgir — você vai aprender mais sobre a lista no Capítulo 4, mas guarde desde já: **a lista é um dos ativos mais importantes e valiosos de um negócio digital**.

Investi a bagagem de toda a minha carreira e os milhares de reais que já havia gerado para outros clientes nessa experiência. Meu primeiro vídeo foi com uma parede branca de fundo, quase sem produção. Além disso, eu não tinha uma boa filmadora nem nada muito profissional. Percebi, então, que precisava me profissionalizar, pois, eu não tinha

---

2 Disponível em: <https://www.youtube.com/watch?v=D1R-jKKp3NA>. Acesso em: 29 ago. 2016.

um ambiente ideal de gravação, todos os meus vídeos tinham fundo branco. Assim, comecei a gravar na rua, em ambientes externos, como parques, e notei que as pessoas gostaram, então decidi viajar. Tudo se encaixou. Os primeiros vídeos foram no Rio de Janeiro, depois fui para a Argentina, o Peru, a Europa, e comecei a minha volta ao mundo.

Como tudo na vida, você precisa saber o que quer. Assim que cheguei da Irlanda de volta ao Brasil, havia terminado um relacionamento e disse para mim mesmo que queria namorar uma europeia. A experiência em Dublin havia aberto minha mente e queria encontrar alguém que tivesse um espírito aventureiro como o meu. Joguei essa energia para o mundo e pouco tempo depois chegou uma mensagem pelo Couchsurfing, um site de viagens, em que as pessoas trocam experiências de viagem e oferecem um espaço na própria casa para outras pessoas.

A mensagem era de uma francesa linda que estava vindo ao Brasil e precisava de alguém com quem conversar. Nós nos apaixonamos on-line (acho que no meu caso não poderia ter sido diferente), e namoramos virtualmente por seis meses, apesar de não termos nos encontrado quando ela veio ao Brasil, motivo da mensagem inicial. Estávamos muito apaixonados. Então, decidi pegar um avião e passar dez dias com ela em Paris. Foram dez dias mágicos, e alguns meses depois já morávamos juntos aqui no Brasil.

SUBJECT: ola de franca

Oi bruno,

Eu sou francesa e vou morar ao Brasil a partir de fevereiro 2014.
eu ja tava ai 6 meses de janeiro até fim de ultimo julho.
Gostei e gusto muito a cultura brasileira e brasileiros. Aqui em franca nao tem muito brasileiros

Preciso de encontrar mundo pra sair o discovir muitas outras coisas..

Entao se vc estaria ai e disponivel seria legal de se encontrar

ALlyson

about 3 years ago

Comecei as viagens enquanto estruturava a empresa e produzia os vídeos. Entre essas viagens veio a nossa filha, Ella, que foi uma das melhores coisas que já me aconteceram na vida. Não tem coisa melhor do que acordar ao lado de uma pessoinha que olha para você sorrindo toda feliz.[3]

Estar ao lado da minha família e poder viajar é a melhor coisa do mundo. Fazer o que você gosta, com as pessoas que gosta e no lugar que ama. Meu dia a dia hoje é acordar, tomar café com a minha família e tentar trabalhar, porque a minha filha, como qualquer bebezinho, fica na minha cabeça, no meu colo, no meu pé, em cima do computador, mas eu consigo trabalhar e cuidar dela. Meus clientes hoje sabem que muitas vezes ao conversar comigo vão ouvir um chiado de bebê ao fundo. Essa felicidade só aumentou com o nascimento do meu segundo filho, Noam Louis.

Com a minha família já conheci dezenas de lugares e muitas pessoas me perguntam: "Bruno, como você consegue produzir viajando tanto?". Para mim produzir é fazer realmente o necessário em busca de nossos sonhos. Então, se eu tenho quatro horas de trabalho, serão quatro horas muito bem aproveitadas, e essa é uma grande lição.

O mais importante no meu trabalho hoje é poder ajudar as pessoas a realizar os próprios sonhos. Não tem nada mais frustrante do que ter um sonho e mantê-lo somente na cabeça. Quando você consegue transformar e tocar a vida das pessoas, isso o inspira a continuar fazendo cada vez mais.

Se meu pai me visse hoje, acredito que estaria muito orgulhoso, e ficaria feliz de ver que, além de ganhar dinheiro, encontrei um modo de levar mais propósito para a vida de outras pessoas.

Meu pai ficava muito contente quando via uma matéria sobre mim saindo na TV, e lembro que, quando lhe contei que queria dar a volta ao mundo, ele me disse que eu estava louco, mas já sabia que tudo o que eu fazia dava certo e me dava apoio.

---

[3] Você também pode acompanhar as aventuras da minha filha pelo Instagram que criamos: <https://www.instagram.com/ellapelomundo/>. Acesso em: 29 ago. 2016. Sou suspeito para falar, mas é a coisa mais linda.

Ele veria que mais um de meus sonhos estaria concretizado, além da família linda que construí. Então parte deste capítulo é dedicada a ele, porque, mesmo depois de tantas lições, ao morrer ele me deixou uma última:

Não se pode perder nem um minuto da vida fazendo algo que para você não faz sentido.

SUCESSO NOS NEGÓCIOS

Você pode começar de qualquer lugar, partindo de qualquer profissão ou experiência profissional. No entanto, a maioria das pessoas que querem empreender não alcança sucesso pois não tem um método e fica perdida. Afinal, não temos uma cultura empreendedora forte, nem aprendemos isso na faculdade.

Mesmo que tenha vontade de empreender e não saiba ao certo em quê, vou lhe dar o caminho das pedras para encontrar o seu nicho. Muita gente me procura dizendo: "Bruno, eu não sou autônomo, não tenho um negócio, quero ter, mas não sei o que fazer, o que eu faço?". Antes de tudo, não se desespere! No próximo capítulo você terá mais informações sobre os tipos de negócio e os nichos que poderá explorar.

O método que desenvolvi serve tanto para negócios físicos como para negócios on-line, mas é claro que, se pudesse palpitar diretamente para você, sugeriria um on-line para começar. Ao empreender em um negócio físico, você precisa abrir as portas e esperar o resultado e as pessoas aparecerem, e a divulgação funcionar. No on-line, você começa a atrair o público analisando dados, e com base neles cria uma curva ascendente por meio da qual é possível levar seu produto ou serviço para milhares de pessoas. Hoje todo mundo está no Google ou no Facebook, por exemplo, e é possível entregar a sua informação para a pessoa certa, na hora certa e no momento certo.

Capítulo 3 | Se o sucesso fosse garantido, o que você faria?

O importante é saber que para ter sucesso nos negócios, você precisa de cinco elementos:

> **1. UMA BOA IDEIA**
> **2. MOTIVAÇÃO PARA COLOCAR A IDEIA EM PRÁTICA**
> **3. INFORMAÇÃO PARA EXECUTAR OS PASSOS**
> **4. CONTATO COM AS PESSOAS CERTAS**
> **5. AÇÃO**

Imagine uma consultora de estilo sem qualquer afinidade com tecnologia ou negócios digitais e nenhum conhecimento prévio de internet. Angela Di Verbeno, consultora de estilo e palestrante, relatou para mim que o mundo on-line sempre a fascinou, mas acreditava que, como não tinha nascido na era digital, não se acostumaria com o computador — só passava e-mails e fazia alguns textos.

Um dia, ao assistir um curso pensou que sua experiência profissional poderia render um curso maravilhoso, ministrado por ela mesma, e que muita gente poderia se beneficiar disso! Ela viu a possibilidade de atingir um público maior com a internet, mas se sentia de mãos atadas por não saber como lidar com o mundo digital.

Ao me procurar, ela entendeu como buscar ferramentas para sua consultoria de estilo e imagem expandir as atuações com consultas presenciais, atendimentos via Skype e até um curso de empoderamento pessoal. Ela não apenas começou a ganhar dinheiro, mas mudou a vida de seus novos alunos, que hoje conseguem vencer na vida com mais facilidade graças à experiência dela.

Outra aluna muito querida foi a Mary de Sá, coach com mais de 30 anos de experiência em programação neurolinguística e como mentora e master coach. Ela conseguiu implantar uma estrutura on-line para dar suporte a seus treinamentos, suas palestras e seus atendimentos.

Mary conta que queria crescer, mas não sabia como, e sua falta de experiência em tecnologia brecava suas iniciativas de expandir o negócio. Ela me procurou depois de receber um e-mail de divulgação de um curso de marketing. Mary adquiriu a expertise para superar as dificuldades de promoção de seu curso e se manteve motivada.

Logo, viu os resultados aparecerem, fez *hangouts*, vendeu produtos, cursos e ampliou seu faturamento de formas que não imaginava antes — tudo porque teve a chance de expandir a audiência do seu trabalho para um público muito maior, que poderia estar em qualquer lugar do Brasil ou do mundo. Ela está prestes a se aposentar e quer ter uma aposentadoria mais tranquila, e isso faz parte de seu projeto.

Assim como elas, você pode alcançar sua independência financeira e ter nas próprias mãos o poder de decidir onde e quando quer trabalhar, sem se preocupar com contas para pagar. Os custos para começar um negócio são muito mais baixos do que imaginamos — essa é uma das crenças mais importantes que você precisa desfazer. Assim que começar a gerar receita, sentirá o gosto da liberdade.

No caso da Mary e da Angela, elas optaram por um modelo de negócio em que não é preciso ter estoque e usa um produto altamente replicável e escalável, em um negócio com elevadíssimo poder de automatização que pode continuar vendendo até enquanto você dorme. Claro, isso não significa não trabalhar. É como um piloto automático de avião, que auxilia o piloto no voo reduzindo seu cansaço mental e físico — o sistema permite uma navegação econômica e financeira mais precisa.

No entanto, mesmo que seu produto seja físico, tenha peso, data de validade e ocupe espaço no estoque, é possível aplicar esse conceito de automatização e escala, evitando diversos processos repetitivos, economizando tempo e pensando em um negócio enxuto e sustentável.

Você deve estar se perguntando: "Onde existem oportunidades em um momento de crise mundial em que tantas empresas estão fechando as portas e fazendo cortes de pessoas? Como não se assustar com as estatísticas ruins, reverter a situação e se dar bem nesse jogo?".

Devo dizer que não vejo crise nenhuma, muito menos meus alunos e clientes, porque conseguimos encontrar a oportunidade no meio da dificuldade e a estamos superando por usar um modelo de negócio inteligente. Enquanto uns choram na crise, outros vendem lenços, não é mesmo? Você pode conquistar seus clientes oferecendo uma solução que vai tornar a vida deles melhor e até mais rica. De que lado você quer estar?

Henrique Lira, um jovem de 24 anos formado em artes visuais, nunca acreditou que um dia empreenderia. Um artista talentoso, sempre teve o trabalho voltado à área de animação. Henrique tem vasta experiência em agência de publicidade na área de criação, web design, programação, design gráfico. Ao começar a cursar artes, migrou lentamente da publicidade para o meio mais artístico. Começou a estudar mais animação e cinema, e depois de um ano estudando na Holanda sua vida mudou de vez. Ele queria ser artista, mas sempre quis impactar a vida das pessoas. Então, o empreendedorismo se tornou a solução.

Henrique conta que, antes de entrar de cabeça nesse sonho, havia terminado um grande projeto, entre seus 22 e 23 anos, e começou a trabalhar em um projeto intenso e muito interessante para a Nickelodeon. Em seguida, estava doido para tirar férias, mas não esperava que, depois de uma temporada de sete meses trabalhando nesse projeto, ao chegar em casa, teria a notícia de que sua mãe havia sido diagnosticada com câncer de endométrio, em estágio avançado.

Eu, Henrique e seu pai no no Evento NOS ao Vivo

Desnecessário dizer que não teve férias. Henrique ficou desesperado ao pensar que precisava fazer alguma coisa, mudar alguma coisa, ele tinha de transformar a própria vida e garantir segurança para ele e a família. Então, uma vez que ele não iria descansar, resolveu trabalhar o máximo que pudesse.

Com a ajuda do pai, seu grande mentor, montou um novo projeto para ser empreendedor e ajudar artistas como ele a estruturar seus trabalhos e sua atuação no mercado. Ele sempre teve um desejo íntimo de mudar a vida das pessoas, e se viu com todas as ferramentas para isso, criando o Iconic — uma rede para ajudar outros artistas a fazer grandes projetos, com base em informação, cursos, apoio e contatos.

Henrique afirma que hoje, com a internet, ele consegue tocar pessoas que estão em diversos lugares do mundo, algo que lhe possibilitou expandir a sua voz e dar voz para outras pessoas também. Ele decidiu empreender on-line porque viu uma oportunidade de transformar a vida de milhares de pessoas, algo que hoje é realidade. A doença da mãe, o que lhe deu o grande chacoalhão para começar a empreender, hoje está superada.

Henrique teve mais de 25 mil pessoas inscritas no Iconic logo de início, comprovando que havia encontrado um nicho de mercado que precisava dele! O retorno financeiro, não preciso falar, né? Foi um sucesso, em sete dias de vendas, ele faturou o correspondente a mais de oito anos do seu último salário. Sua primeira palestra on-line foi assistida por 1.700 pessoas ao vivo. Criativo como só ele pode ser, Henrique afirma ser um pirata e que seu próximo projeto será um evento em um navio — uma mescla de treinamento e diversão, com o espírito de companheirismo que só um verdadeiro marujo poderia ter.

NÃO CAIA NA ARMADILHA DA VENDA SEM SIGNIFICADO

É claro que todos nós pensamos em dinheiro e em como consegui-lo, e nos preocupamos com contas a pagar, qualidade de vida e se nosso negócio sobreviverá. Se você quer blindar o seu negócio (que está nascendo neste exato momento ou que já existe), primeiro pare

Capítulo 3 | Se o sucesso fosse garantido, o que você faria?

de pensar só em vender. Principalmente, em vender por vender, sem significado. É uma frase que repito para todos os meus alunos:

Se você está pensando em entrar na internet só para vender, vai se dar mal. Entre pensando em conquistar clientes. Conquiste seus clientes educando-os.

Se você me perguntar qual é o maior erro das pessoas, o que você pode fazer para seu negócio falhar miseravelmente, vou responder que é entrar nele com essa mentalidade. Como nos exemplos que vimos neste capítulo:

Primeiro você precisa gerar muito valor para a vida das pessoas e depois se preocupar com o que poderá vender a elas.

Gere tanto valor que elas se tornem dispostas a pagar muito para ter o seu produto ou algum produto indicado por você.

O início do negócio pode se dar de diversas formas. Você pode iniciar sem deixar de lado o que já faz, trabalhando em paralelo com o seu emprego atual. Ele pode ser sua alternativa nas horas vagas até sentir segurança. E quando ele crescer, tomar uma proporção e dimensão que julgue confortáveis, vai se tornar seu plano principal. No entanto, não importa como ele comece, você precisa desenhar esse negócio pensando em conquistar clientes, porque a venda é consequência.

Lembra do *inbound* marketing que aprendi durante a experiência em Dublin? Ele prega que você precisa conquistar a atenção de seus clientes gerando um interesse genuíno, e não comprar essa atenção na forma de um anúncio de mídia caro, por exemplo. Para conquistar esses clientes, ele nos dá a resposta: você precisa educá-lo para a venda. Trata-se de vender sem parecer que está vendendo, oferecendo o valor na forma de conteúdo, de benefícios para aquele cliente.

Quando você faz isso, **em vez de ter de vender para seus clientes, eles é que vão querer comprar de você. Faz toda a diferença.** Se começar um negócio e manter a consistência no seu relacionamento com o cliente, oferecendo cada vez mais para ele e com sinceridade, ele vai aumentando gradativamente o interesse em você e no seu produto. E isso vai mantê-lo motivado. Você será capaz de trabalhar por ele sem esperar receber nada em troca. Quando isso acontecer, será porque você descobriu o seu porquê e a sua missão de vida.

O resultado é consequência, acredite em mim. As segundas-feiras se tornarão dias incríveis para você. Enquanto várias pessoas se desesperam porque o domingo está acabando, você pensará no dia incrível de trabalho que se aproxima. E é exatamente isso que será o fator para você continuar mesmo depois de alcançar um bom padrão de vida.

Hoje, com as ferramentas que temos disponíveis, qualquer pessoa pode implementar um negócio on-line. Qualquer pessoa pode montar um modelo de negócio, basta querer, já tive alunos de todas as idades e posições sociais.

Ao começar, você deve pensar em construir um relacionamento com as pessoas. Como se estivesse conversando pessoalmente com seus clientes. As pessoas gostam de comprar, porém ninguém gosta que lhe ofereçam as coisas. É como um namoro. Quando você quer conquistar alguém, acha que funciona já chegar agarrando, ou é melhor primeiro tentar ganhar a confiança da outra pessoa, conhecê-la melhor, chamá-la para um jantar e só depois tentar alguma coisa com ela? Se você conhece melhor a pessoa e dá espaço para conhecer você, o sucesso do relacionamento é garantido.

Capítulo 3 | Se o sucesso fosse garantido, o que você faria?

Nos negócios, é a mesma coisa. Primeiro você ganha a confiança por meio do conteúdo, do valor, da ajuda, da comunicação com seu público. Ao oferecer conteúdo de valor, você educa o seu público para entender muito mais sobre seu produto ou serviço, ou até sobre o produto dos outros que talvez você esteja vendendo. Pergunte a qualquer vendedor de sucesso e ele lhe dirá que o relacionamento é o mais essencial. Seu produto soluciona um problema na vida das pessoas, o qual, muitas vezes, nem elas mesmas conhecem. Seu papel é apontar o problema e mostrar a solução.

Ao falar sobre o que você vende, mostre seus benefícios, e não as características. Mostre como seu produto pode ajudar o cliente a ter uma transformação de vida. Dessa forma, ele vai se interessar.

Hoje eu trabalho com a minha paixão utilizando exatamente o que lhe falei, mas você deve estar se perguntando como faço tudo isso. Quero lhe oferecer as estratégias para que você obtenha resultado em qualquer negócio, as quais vou abordar ao longo deste livro. Assim que tiver sua ideia de negócio e estiver estruturado em torno de seu propósito e de suas habilidades, você precisará de técnica, método e processos.

Muitas *start-ups* começaram com pouco dinheiro, mas com uma ideia muito boa, execução motivada e disciplinada. Talvez você precise encontrar um produto ou negócio mais fácil de vender inicialmente para alavancar dinheiro para o seu grande sonho. No entanto, para começar, é possível partir de qualquer quantia. Para construir um negócio on-line, por exemplo, precisamos de 6 a 18 meses. Não é rápido como a maioria das pessoas pensam, mas você pode ter resultados pequenos aos poucos enquanto ainda não tem coragem de abandonar completamente a sua atividade principal.

Quando vê a bolha da internet, muita gente pensa que precisa viver do marketing digital. O que minha experiência em digital comprovou é que você precisa encaixar a internet e o marketing digital como forma de alavancar seu negócio. Então, se seu sonho é um negócio físico, como uma loja, ou um restaurante, não pense em formas de torná-lo digital. Pense, porém, em como esse mundo digital, que é mais barato e mais aberto do que o tradicional, pode ser a chave para conquistar clientes e vendas. Não saia do seu foco e não negue o seu talento. Se você já tem um negócio digital, use-o a seu favor e alavanque-o com as ferramentas e técnicas que lhe passarei.

Marketing digital é um meio para alavancar negócios, e não um fim.

EM QUAL NICHO É MELHOR ATUAR?
O que é um nicho?

Para entender o que é nicho você precisa primeiro pensar em mercado. Por quê? O mercado é grande, é uma grande área de atuação, como gastronomia, arquitetura, coaching. O mercado é como se fosse o "país" onde seu negócio mora. Depois de definir o mercado, você precisa saber qual é o segmento, que seria como o estado. Dentro de gastronomia podemos ter, por exemplo, o segmento de chefs profissionais e o segmento de apaixonados por comida, mas que não querem cozinhar (e muitos outros).

Já o nicho é como se fosse a cidade, é muito mais focado. Dentro do exemplo da gastronomia, os nichos podem ser as pessoas que buscam a formação de confeiteiro amador, ou confeiteiro profissional, ou até a contratação de um personal chef para um evento. Além dos nichos, existem ainda os supernichos (que podemos comparar à rua onde você mora, se continuarmos o paralelo). Nos supernichos de gastronomia podemos citar treinamento de cupcakes, ou então um restaurante que só serve carne com molho, ou um chef que só trabalha com comida funcional para pessoas que não comem glúten. As possibilidades são infinitas!

Você não deve focar um mercado, mas um nicho. O nicho é um grupo de pessoas com problemas específicos, problemas que você sabe como resolver.

Para definir seu nicho, leve em conta três esferas: a paixão, o conhecimento e a rentabilidade. A esfera da paixão se resume à vontade e ao gás para falar muito do tema e do produto, porque você vai falar disso sem parar!

A esfera do conhecimento se refere a estar preparado para isso. Se você não tem conhecimento, não precisa se desesperar, busque alguém que possa ser a autoridade de sua estratégia e passe conteúdos para o seu cliente, ou busque se especializar.

Já a esfera da rentabilidade está relacionada a descobrir se existem compradores suficientes para o nicho no qual você quer atuar. Não adianta escolher um nicho não rentável, você vai trabalhar muito nele e não terá resultado nenhum. A mistura entre esses três elementos é o ponto de definição do seu nicho e onde você vai focar seus esforços.

Foco é tudo quando falamos de nicho. Você precisa ter foco para não escapar de seu nicho nem quando tiver a oportunidade de ganhar mais dinheiro abrindo seu leque de produtos. Quem atira para todos os lados, no final, nunca acerta o alvo.

O meu conselho é não olhar apenas para você, mas para seu mercado, para o seu cliente. Do que eles precisam? Eu, por exemplo, no começo queria fazer produtos sobre gestão de projetos e criação de seminários on-line, porém uma pesquisa com a minha lista me retornou que mais de 70% das pessoas precisavam de informação sobre criação de negócios on-line de sucesso. Eu vou brigar com o público? Claro que não.

Atualmente existem nichos on-line considerados os "top nichos" para ganhar dinheiro. Conheça alguns:

- Saúde: as pessoas buscam uma infinidade de informações sobre nutrição, alimentação, dietas, fitness, comidas funcionais.
- Sedução: como conquistar mulheres e homens e sair da solidão.
- Finanças: quem não gosta de dinheiro, não é? Como investir em ações, como ganhar dinheiro.
- Hobbies: as paixões do seu público podem ser o seu nicho, como ensinar a tocar instrumentos musicais, cozinhar, fazer trabalhos manuais.

- Esporte: interesses profissionais e amadores no esporte – um nicho que traz bastante resultado é o de pôquer e aperfeiçoamento de treinos.
- Terapias: outro nicho excelente que envolve qualquer tipo de ajuda ao ser humano, desde grupos de apoio até psicoterapia, aromaterapia etc.
- Coaching e desenvolvimento pessoal: esse é um dos nichos que mais crescem, um mercado ainda a ser desbravado.

Como saber se o nicho é rentável

Na maioria das vezes, as pessoas já têm dois terços do trabalho pronto: têm uma paixão e um conhecimento sobre o nicho. Mas como saber se ele pode gerar resultados? O seu público tem a necessidade disso?

Antes de tudo, descubra como são as buscas no Google. Entre nas estatísticas que puder entrar, seja em redes sociais, seja em pesquisas daquele mercado. Busque concorrentes no Brasil e depois nos Estados Unidos. Veja o que eles estão fazendo e quanto cobram; descubra quanto vendem, compre um produto do concorrente e veja como é, como você foi atendido, o que tem de diferencial ali.

Busque os grupos sobre o seu nicho nas redes sociais, faça pesquisas (você pode jogar uma pesquisa no grupo on-line, por exemplo). Veja se existem anúncios sobre isso (costumam ser as primeiras respostas do Google, por exemplo). Pesquise o máximo para saber se tem muito conteúdo gratuito em relação ao seu nicho, qual é o volume desse conteúdo e a qualidade dele também.

E se você descobrir que seu nicho é muito concorrido? Vale a pena desistir? Não, apenas continue focando no público e não em você em primeiro lugar. Como será a sua comunicação? Do que o público precisa? Se você entender que tem uma forma de conquistar a atenção dessas pessoas e criar autoridade, terá chances mesmo em um nicho superconcorrido.

Mesmo com muito conteúdo gratuito na internet, esse material todo pode estar solto, e você pode ser a pessoa que consegue juntar tudo isso em um lugar só e facilitar a vida do seu cliente. Depois de pesquisar, comece a pensar o que você pode fazer para se destacar dessa concorrência: "Qual é o suporte diferenciado que você pode dar para essas pessoas? Um especialista? Um grupo de apoio no Facebook?" Se você vende produto físico, abra a cabeça, veja como pode aumentar seus ganhos oferecendo serviços, e até um treinamento.

Depois de definir o seu nicho, você deve definir também quais são os nichos que você não vai atender.

Focar é importante. Não canso de repetir isso, porque é muito sério. Uma vez aprendi uma frase durante um treinamento: "Foco é foco, distrair é destruir". No dia a dia do seu negócio você pode ter a vontade de faturar e inaugurar serviços que desviem do seu foco apenas para ganhar dinheiro, o que pode dar certo no início, mas em longo prazo não fortalece sua marca e o valor que você está gerando — e voltar para o caminho certo pode demorar muito e trazer muito esforço.

Qual o melhor personagem para se comunicar com esse nicho

Você também precisa definir o seu personagem, como você vai se apresentar para seus clientes de forma que eles confiem que você pode resolver o problema deles. Isso significa que terá de fazer gestão de marcas. E o que é isso? Trata-se de gerenciar a sua marca em todos os pontos de contato. A internet é só um ponto de contato, e nela você precisa estar em vídeos, blogs, redes sociais e comunicações sempre de forma coerente, que combine com você e com seu cliente.

Crie um personagem condizente com o que você vende e que esteja de acordo com o seu posicionamento. Afinal, você não confiaria na minha capacidade de construir um estilo de vida com liberdade baseado no empreendedorismo se eu aparecesse em vídeos sempre de terno e gravata e preso em uma sala de reuniões. Onde está a liberdade disso? Em compensação, se eu vendesse cursos sobre aplicações financeiras, talvez o melhor personagem para mim fosse, sim, aparecer de terno e gravata, em um edifício enorme de mercado financeiro, na minha própria sala. Isso vale para negócios que estão fora da internet também. Você precisa ser alguém que mostra acolhimento ao seu cliente em todas as suas ações, isso é gerenciar a sua marca ou branding.

" Às vezes fazemos todos os planos, estamos com tudo pronto, mas a vida derruba nossas pretensões, e precisamos sempre nos adaptar."

Plano de ação

Primeiro, faça um brainstorming: Quais são as habilidades que você pode vender, no que você já é bom, mesmo se não for sua profissão ou área de formação?

Liste aqui todas as suas habilidades. Valem aquelas que você nem sabe como vender, por exemplo: cozinhar, desenhar, ouvir problemas. Não se limite neste momento. Liste tudo aquilo que as pessoas já elogiaram em você.

Agora que você já listou suas habilidades, vamos à **segunda parte**, na qual você vai escolher o nicho em que vai atuar e aqueles em que não atuará.

Na **terceira parte** deste exercício, você vai definir quem será o personagem de sua empresa. Você precisa montar o perfil de uma pessoa que vai falar com seus clientes e assinar todo o conteúdo e a comunicação [lembre-se, B2B (empresas para empresas) não existe, você precisa ser uma pessoa que fala com outra pessoa].

Se você já tem uma empresa, quem será o porta-voz, transmitirá conteúdo e irá se relacionar com os clientes? Quais elementos esse personagem deve ter? Como ele vai se vestir, como vai falar, em quais ambientes vai circular? Estabeleça o que esse personagem precisa ter e descobrir quem será a pessoa será mais fácil.

Em geral, em seu negócio, essa pessoa é você mesmo, mas defina a forma que você vai se apresentar ao público: formal ou informal? Que esferas de sua personalidade fortalecem a comunicação do seu negócio? Ter um porta-voz é fundamental para construir audiência e ter autoridade sobre ela.

CAPÍTULO 4

Seis modelos de negócio on-line que você pode estudar

Aqui vamos começar a traçar uma estratégia para seu negócio de sucesso. Muita gente me procura desesperada porque já entendeu que empreender é o seu projeto de vida, mas o que vender? Em que nicho atuar?

Estruturar um negócio já é difícil, e ainda é preciso pensar na semente dessa empreitada, o que pode ser assustador. É nesse momento que muitos desistem ou então nem começam. O método para estabelecer seu negócio de sucesso pode ser usado para qualquer modalidade, tanto on-line como tradicional.

A ideia é estar em todos os lugares em qualquer lugar do mundo, vencer a monotonia das rotinas do circuito normal de trabalho e poder trabalhar em qualquer lugar.

Com isso em mente, pense que a construção desse negócio vai lhe dar as tão sonhadas liberdades de tempo, financeira e geográfica — algo que deveria ser um direito para qualquer pessoa.

Minha maior experiência vem do digital, porque a internet quebrou o paradigma do tempo e do espaço na hora de ganhar dinheiro. A internet faz o negócio crescer muito mais rápido e em escala. No momento em que escrevo esta página, estou em Jericoacoara, depois de um dia de prática de *kitesurfing*. No final do dia, trabalho as minhas quatro horas bem produtivas, porque consegui alterar o paradigma do espaço-tempo.

Hoje vejo que muitas empresas aplicam os conhecimentos da área digital para ampliar as vendas de produtos físicos, oferecendo conteúdos para seus clientes, criando relacionamentos fortes e de apoio.

No entanto, vamos devagar. Antes de pensar no seu produto, pense em termos mais gerais. O que eu quero dizer com isso? Vamos lá. Relembrando o que vimos no capítulo anterior, você precisa de:

1. Ideia: entender o que você pode vender, o que você poderia tornar um negócio, que conhecimento poderia compartilhar e quem poderia ajudar.
2. Motivação para colocar a ideia em prática: entender que você pode fazer isso é fundamental. É a motivação que faz você ultrapassar as próximas etapas.
3. Informação: para que você trace seu plano de ação e saiba quais passos seguir.
4. Ação: porque conhecimento sem ação não é nada. Você só precisa dar o primeiro passo para entender o que estou falando. Comece assim que puder, não fique protelando o início do seu negócio.

Não pense no produto agora. Calma, prometo que ainda vamos falar dele. Pense na ideia.

SE VOCÊ NÃO FAZ IDEIA DO QUE FAZER PARA EMPREENDER

Até agora seguimos um curso nos planos de ação que pretende deixar claro quem você é. A resposta para essa pergunta provavelmente vai levá-lo ao primeiro passo da criação do negócio de sucesso. Quem você é está ligado diretamente ao que você pode gerar de valor para o mundo e vender aos seus clientes. A sua experiência pessoal, seus conhecimentos, seus talentos serão a nova base desse negócio.

É inútil dedicar-se a um empreendimento que não esteja ligado diretamente a você, porque o passo 2, **motivação para colocar a ideia em prática**, depende disso. Você precisa amar o que oferece para os clientes, precisa amar o conteúdo que vai produzir sobre isso, precisa amar vender isso e responder perguntas, criar conteúdo em geral sobre o tema. Você vai falar tanto disso que não pode se dar ao luxo de não amar e não ter o seu produto completamente alinhado com a sua essência.

Fizemos até agora quatro exercícios, em um deles você listava os seus sonhos, no outro, havia um brainstorming sobre as suas habilidades, preenchemos a roda da vida e definimos seu personagem e público-alvo: sem perceber, você já trabalhou muito! Tudo isso é um resumo de quem você é neste momento, é como uma fotografia deste exato dia da sua vida. **Quero que você cruze estas três informações: o que você mais deseja, em que que você é bom e que áreas da sua vida precisam mudar. Qual é a resposta? Quais são as mudanças que você vai precisar fazer?**

Selecione entre as suas habilidades aquelas que poderiam ser comercializadas. Veja se alguma delas serve para um produto, um serviço, um curso, uma aula, um livro ou uma consultoria (mesmo tendo um produto físico, você precisará produzir muito conteúdo sobre ele, então não se afaste disso). Pode ser algo que você fez a vida inteira, um hobbie, um esporte, algo que faça por lazer, algo que domine. Muitas vezes achamos que ninguém pagaria por isso, por ser óbvio para nós, mas saiba que muita gente pagaria pelo que você sabe.

Tenho um aluno que transformou a paixão por viajar em um empreendimento de sucesso. Rafael Incao era professor de Matemática e aprendeu que os números nos dizem verdades, e que elas estão nos padrões. Ele percebeu que é possível economizar até um terço do valor das passagens, ou usar a mesma passagem para viajar o mundo inteiro, e passa esse conhecimento aos seus clientes com o curso Fórmula de Passagens, que criou depois da mentoria comigo. Hoje ele deixou as salas de aula e se tornou viajante profissional, servindo como uma ponte entre as pessoas e suas viagens. Isso vai nos responder a primeira pergunta: "Que tipo de negócio devo criar?".

SE VOCÊ JÁ TEM UM NEGÓCIO OU É PROFISSIONAL AUTÔNOMO OU PROFISSIONAL LIBERAL

Talvez você faça parte de outro grupo, que já tem um negócio — on-line, produtos físicos, digitais, serviços, imóveis, marketing de rede — ou talvez você seja coach, arquiteto ou esteja atuando como afiliado. De qualquer forma, você precisa usar este momento para rever o seu modelo de negócio e verificar se ele lhe permite chegar aonde deseja. Pergunte-se:

1. Trabalho a quantidade de horas que desejo?
2. Possuo o faturamento que quero ter?
3. Atinjo o público que desejo atingir?
4. Vejo como meu negócio pode crescer e ser escalado, ou parece que ele vai sempre estagnar em um teto de faturamento?

Pense agora no que precisa mudar em seu negócio, não no "como", mas no "o quê". Seu faturamento está baixo? Você trabalha demais nele? Depois de ter respondido às perguntas acima, você precisa definir: quem é você, aonde pretende chegar, como pretende chegar e qual cliente deseja atender. Aplique isso a seu negócio, que algumas respostas já virão automaticamente.

Sempre que alguém vai começar um negócio, eu digo que é preciso definir a sua BASE, que é a Missão, a Visão, os Valores e o

Capítulo 4 | Seis modelos de negócio on-line que você pode estudar

Posicionamento. Para completar a base, você precisa definir também a META Smart, que você aprenderá passo a passo mais à frente, mas já adianto: META Smart é a metodologia para construir metas que minimiza suas chances de fracasso, pois o ajuda a monitorar seu progresso. Todos esses itens serão repassados até o final deste livro.

Se o seu desejo é ampliar seus negócios, alavancar e turbinar seu faturamento de uma forma rápida, porém certeira, use a ferramenta poderosa de estruturação de negócios que ofereço neste livro e alinhe isso ao marketing digital.

Gládia Bernardi, uma de minhas alunas, é nutricionista e coach de emagrecimento definitivo. Quando me conheceu, ela tinha dificuldade principalmente em entender como utilizar todas as ferramentas necessárias para fazer seu negócio decolar. Ela primeiro entrou na minha lista de e-mails e ao receber meu conteúdo viu que a mentoria poderia ser a saída para o seu negócio — que já era lucrativo — crescer ainda mais.

Com o que aprendeu comigo e com o grupo de mentoria, em seu primeiro projeto conseguiu investir muito pouco, algo em torno de 600 reais, e reverteu mais de 50 mil em vendas de coaching e cursos de formação para novos coaches.

Segundo Gládia, entender o processo para se tornar uma empreendedora digital fez o seu negócio deslanchar, bastou ter a estratégia certa. Ela pegou uma atuação que já tinha no mercado e aproveitou a experiência com o digital para oferecer uma solução *premium*. Ela já havia enxergado um problema que poderia resolver.

Gládia conta que resolveu mudar de lado, pois havia passado 15 anos ajudando pessoas a emagrecer e curar doenças até conhecer o coaching. Com essa experiência, desenvolveu 17 ferramentas de coaching para emagrecimento que deram tanto resultado que a incentivaram a buscar uma forma de passar essa formação a outros profissionais de nutrição.

Ela oferece hoje uma forma muito mais lucrativa e efetiva de atuar na vida dos clientes, e ainda conta que sua missão e a de seus alunos é tornar o mundo mais leve para seus clientes. Hoje já escalou o seu negócio mais de dez vezes em relação ao seu primeiro projeto e suas previsões são de escalar muito mais no próximo ano.

Ao longo do tempo, entendi que existem seis formas de ganhar dinheiro sem ter de investir muito para começar o negócio.

> **Hoje, a internet nos possibilita trabalhar de formas às quais nossos pais não tinham acesso.**

Para você ter uma ideia, aquele meu tio que mora em Jaraguá (interior de Goiás) e que citei no Capítulo 2 até hoje não entende ao certo o que faço, e você pode gerar renda mesmo trabalhando apenas nas horas vagas. Vamos ao que você pode fazer.

1. Vender um produto físico

O jeito mais clássico é abrir o que pode ser visto como um pequeno comércio ou e-commerce. Você pode abrir uma loja física (o que exige um investimento maior), como muita gente faz, ou vender produtos físicos em uma loja virtual — hoje é possível começar em plataformas gratuitas. Você pode vender algo que produz ou revender algum produto em que percebe potencial, pode trabalhar com importações ou com produção local. Você pode até começar em uma empresa de marketing multinível e usar estratégias digitais para divulgação e expansão de suas vendas. Vender um produto é sempre uma boa opção para começar qualquer negócio, porque as vendas geram faturamento imediato. O único lado negativo dessa decisão é que você talvez precise fazer um investimento inicial um pouco maior em estoque, produção e logística.

2. Vender um serviço/consultoria/coaching

Se você for profissional liberal, esta é uma ótima opção. Você pode vender um serviço de qualquer natureza — consultorias, coaching.

Nesse estilo, tenho gostado muito do modelo de mentoria em grupo, em que o resultado dos participantes acaba sendo maior, porque eles têm a chance de compartilhar as próprias dificuldades com os demais e você recebe o seu valor multiplicado por 20 ou 30, de acordo com o tamanho do seu grupo.[1]

Você consegue vender aquilo que já faz no seu emprego, mas como autônomo e como empresa organizada. Digamos que você seja advogado, então pode começar a vender seus serviços se especializando em um nicho, como separações e divórcios. A partir daí pode criar diversos conteúdos na internet para encontrar as pessoas que estão passando por esse momento e estão cheias de dúvidas (e buscando um especialista que as ajude a sair da confusão).

Você vende sem vender, porque está apenas educando aqueles futuros clientes e, dessa forma, torna-se autoridade para essa pessoa. Assim, você gera valor e a pessoa vem disposta a pagar. Na venda tradicional de serviço, as pessoas brigam pelo preço, pois não viram valor no seu serviço. Gere valor e ganhe valor em seus trabalhos.

Este conteúdo as redireciona para o seu site e sua lista de contatos, e você pode vender sua consultoria, seus serviços ou simplesmente uma consulta via Skype para ajudar o cliente em um plano de ação para o divórcio. A parte positiva é que o investimento inicial é mínimo. À medida que colhe resultados, aconselho você a investir em tráfego, comprando anúncios, trazendo mais pessoas ao seu site, gerando mais interessados e clientes, e aumentando a procura. Quando isso ocorre, o que acontece com seu preço? Aumenta! Todos que acompanhei de perto em poucos meses dobraram e alguns casos até triplicaram seu valor por hora, cobrando valores que eles mesmos jamais imaginaram. Como Gládia, que dobrou o seu faturamento.

Caso você acredite que não tenha nada para vender, o que eu acho difícil, procure alguém na sua cidade com um bom destaque e ofereça esse tipo de parceria.

---

1 Se quiser saber mais sobre esse modelo de negócio, acesse: <brunopinheiro.me/mentoria-bruno>. Acesso em: 29 ago. 2016.

3. Vender conhecimento

Esse é o de que mais gosto, pois é altamente escalável, visto que você grava apenas uma vez e pode vender para milhares de pessoas em qualquer lugar do mundo. Você pode pegar aquilo pelo qual é aficionado ou em que já tem certo domínio, construir uma autoridade sobre isso e começar a vender cursos, treinamentos, áudios e e-books. Você pode ensinar a cozinhar, ou a resolver conflitos, fazer um bebê dormir, encontrar soluções criativas ou operar algum programa de computador que para você é fácil mas que para muita gente é impossível.

Vender conhecimento é bom porque você pode ganhar um alcance gigantesco com a internet criando conteúdo e gerando anúncios que possam trazer as pessoas que precisam desse conteúdo até você. Algo importante a salientar, porém, é que, ao criar um treinamento, sua autoridade aumenta e sua hora/trabalho também. Este é um passo além da consultoria, pois você não precisa vender o conteúdo criado, mas ele pode ser vendido para qualquer pessoa em qualquer lugar do mundo até enquanto você dorme.[2]

Estas são algumas formas de vender conhecimento: cursos on-line, e-books, áudios e assinaturas mensais.

4. Ser um afiliado

Afiliados são pessoas que conseguem ligar o produto a quem precisa dele. Ele revende produtos digitais na internet ganhando sobre isso uma comissão ao divulgar os links dos cursos, treinamentos e produtos vendidos. Ser afiliado é uma forma de denominar um distribuidor on-line.

Para se tornar um distribuidor físico, você terá de pensar em estoque e em esquemas de logística, o que tem muita demanda hoje, mas precisa de um investimento inicial para garantir uma estrutura que lhe torne uma boa opção para seus clientes.

---

2 Se você deseja conhecer mais sobre esse modelo de negócio e ver como se vende, preparei um material especial para os interessados, acesse: <brunopinheiro.me/meunegocioplanejado>. Acesso em: 29 ago. 2016.

On-line ou off-line, ser afiliado é um bom negócio para quem gosta de vendas, mas não sente que tem habilidade de vendedor ou vontade de sair para vender. Você consegue montar uma boa estratégia estudando o mercado, aperfeiçoando seu modelo de negócios e estruturando qual é o seu público-alvo e onde ele pode ser encontrado.

Na internet, isso se dá com a construção de bons anúncios, que atendem a um bom critério de demografia nas redes sociais. Na maioria das vezes, o afiliado nem aparece, apenas anuncia os links dos produtos, esse tipo de afiliação é conhecido como Arbitra. No entanto, você pode ser o afiliado autoridade, que já possui uma lista e autoridade sobre ela. Assim, o que você indicar as pessoas vão comprar.

5. Ter uma franquia

Você pode contar com a expertise de alguém que já testou uma ideia e um modelo de negócios e simplesmente pagar pelo direito de usar essa marca e estrutura para o seu público. Em um modelo de franquia, você faz um investimento inicial para usar uma marca e adere ao modelo de negócio dela, já com boa parte da questão da estruturação do negócio resolvida pela franqueadora.

Existem franquias físicas e digitais, e o investimento inicial pode ser baixíssimo, começando com 3 mil reais, por exemplo.[3] Uma franquia que fez fama na internet é a do Camisetas da Hora, do meu amigo Marcelo Ostia, que pede um baixo investimento e cobra uma taxa de administração para que o franqueado tenha seu negócio on-line de camisetas customizadas.

6. Vender publicidade

O mercado de anúncios ainda é o maior patrocinador dos meios de comunicação. Com a internet, isso apenas se democratizou. Você pode criar sites, blogs, páginas de Facebook, canais de sucesso no YouTube

---

3 Para saber mais, veja: <http://exame.abril.com.br/pme/noticias/15-franquias-baratas-que-custam-ate-r-15-mil>. Acesso em: 29 ago. 2016.

e começar a gerar faturamento com as visitas. Você negocia com a plataforma que hospeda seu conteúdo sobre quantos anúncios quer ter e ganha de acordo com a quantidade de pessoas e visualizações que seu conteúdo recebe. Ou pode vender por conta própria. Hoje eu tenho um site de viagens, o familiasemfronteiras.com.br, no qual faturo com publicidade e recebo de cortesia estadias em quase todos os hotéis em que me hospedo graças à audiência que o site gera.

Escolha qual modelo de negócio é mais interessante para você, tendo em mente que um negócio físico vai exigir dedicação em tempo integral no início (ou que contrate funcionários), enquanto o negócio on-line é mais leve em termos de compromisso inicial.

Sempre defendo para meus alunos que suas histórias de vida e experiências têm valor de mercado, e um valor que talvez você ainda não entenda completamente é que você é muito maior do que imagina.

Hoje o nosso país tem uma grande carência de educação. As pessoas muitas vezes não têm dinheiro para se aprofundar em determinado assunto, ou não têm interesse e só precisam de uma solução pontual sobre um problema. Os grandes treinamentos, por exemplo, geralmente acontecem em São Paulo, no Rio de Janeiro, em Belo Horizonte e Curitiba, mas e o resto do país? Para atender a isso existe o que eu chamo de indústria dos experts, que são as pessoas que produzem e geram valor na internet (ou no plano off-line, porém com menos alcance) para escolher o tipo de negócio que querem ter. Além disso, está surgindo um novo mercado para atender a toda essa necessidade.

O primeiro passo que você precisa entender é que sua história de vida, o seu conhecimento, a sua mensagem e a sua experiência — aquilo que você aprendeu e quer compartilhar com os outros — têm mais importância e valor de mercado do que você provavelmente sonhou um dia. Quando você começa a se enxergar como um expert em um assunto percebe a quantidade de oportunidades que existem para usar isso a seu favor.

É mais fácil de visualizar com um exemplo. Imagine que você está dirigindo e do nada seu carro para e começa a sair fumaça do capô, logo atrás de você para outro carro e alguém desce e gentilmente lhe oferece ajuda. Essa pessoa abre o capô com a sua permissão e em poucos minutos resolve o seu problema e consegue fazer um pequeno reparo no seu carro para que você possa seguir viagem. A partir desse momento você passa a ver essa pessoa como uma autoridade, porque ela o ajudou a resolver determinado problema que você não conseguiria resolver sozinho.

Talvez ela não seja formada em mecânica ou sequer possua uma oficina, mas é alguém que sabe o que está fazendo e tem sua eficácia comprovada ali diante de seus olhos. Digamos que vocês troquem contatos, porque descobriram que moram na mesma cidade, e até no mesmo bairro. O que você vai fazer na próxima vez que o carro quebrar? Com toda certeza, vai ligar ou mandar uma mensagem para essa pessoa e perguntar o que pode ter acontecido, porque sabe que já foi ajudado uma vez.

Com esse pequeno exemplo, fica um pouco mais clara a importância de seu conhecimento, aquilo que você vende, com o que trabalha ou presta serviço. No meu curso Negócio Online de Sucesso, ou NOS, como chamamos internamente, explico isso com calma e mais riqueza.

O conteúdo que você tem sobre o seu produto ou serviço serve para educar seu cliente para que ele tenha interesse em comprar de você.

Por isso sugiro que você se concentre em começar um negócio em um segmento ou assunto que mais domina e, principalmente, que ama. Porque, como mencionei, quando amamos algo, podemos passar horas trabalhando nisso. Eu, pessoalmente, faço o que amo, e muita gente diz que vê isso em meus olhos — e é por isso que meus clientes confiam mais em mim.

Muitas pessoas passam a vida inteira em trabalhos que odeiam, por diversos motivos. Alguns fazem por causa da família, que sonhava com um diploma e uma profissão. Outros fazem porque são bem remunerados, mas lá no fundo sempre existe um sentimento de insatisfação que vai abalar os outros pilares da vida.

Você pode começar o seu negócio em qualquer nicho de atuação, por exemplo: como se alimentar melhor, como ser mais organizado, como: tocar um instrumento, adestrar um cachorro, distribuir de modo mais adequado produtos de beleza, vender seus materiais de artesanato, revender a arte feita pelos seus alunos de pintura, serviços de treinamento etc. As possibilidades são infinitas, desde que resolva o problema de alguém.

O meu conselho pode parecer egoísta, mas, acredite, não é. Para que o negócio seja realmente um sucesso, eu lhe oriento a desenhar a arte que quer ver. Comece o negócio que quer gerir, toque a música que quer ouvir, escreva o livro que quer ler, crie os produtos que quer usar, faça o trabalho que quer ver pronto, resolva o problema que gostaria que resolvessem para você e sinta orgulho disso.

As pessoas querem ver a sua originalidade, estão prontas para receber o que é simplesmente único e seu.

A sua vida é sobre aquilo que você pode ensinar. Eu vou ensiná-lo a fazer diferente. A sua estratégia precisa focar em resolver os problemas das pessoas, as dores pelas quais elas passam. Trata-se de aliar a sua maior paixão à solução de problemas — e este mundo no qual vivemos está cheio de problemas que precisam ser resolvidos por pessoas honestas.

O SEGREDO ESTÁ NA LISTA DE RELACIONAMENTOS

Quando você resolve o problema de alguém, imediatamente se torna uma autoridade para essa pessoa, e consegue, além de apoio, muitas indicações, e assim vai formando a sua lista — os seus contatos,

Capítulo 4 | Seis modelos de negócio on-line que você pode estudar

e-mails, cadastro. A lista é o maior ativo que você pode ter. Você pode perder tudo, menos a sua lista. Na lista estão as pessoas que se cadastram em sua base de dados para receber informações que você produz por e-mail, Facebook, Instagram, WhatsApp etc. Atualmente, as ferramentas mais poderosas são e-mail e WhatsApp. Lista não se compra e não se empresta, pois as pessoas estão ali por você.

Nós chamamos as redes de contato de lista porque você precisa entender que é diferente de mailing ou cadastro comprado. Lista é quando você é seguido, conquista seu cliente, ele acredita em você e percebe a transformação que você pode oferecer para a vida dele. Mailing é uma simples base de dados fria.

Você deve sempre encontrar um grupo de pessoas ou uma demanda específica que seja uma necessidade. No entanto, você precisa não somente de um grupo de pessoas para transformar isso em receita, mas de um produto ou serviço, seja ele on-line, seja físico. Com o nicho e o produto definidos, você deve atrair pessoas para que conheçam o seu negócio e divulgá-lo. **Para vender, você precisa de três elementos:**

- Autoridade: que você cria a partir do seu conteúdo e da sua comunicação com o cliente.
- Audiência: o maior número de pessoas entrando em contato com o seu negócio, no seu site, através do Google, Facebook, Instagram etc.
- Engajamento: a construção de um relacionamento com esses contatos de clientes em potencial que você faz a partir do oferecimento de conteúdo do seu negócio. Seja ele qual for.

Você constrói sua lista por meio de recompensas digitais e a alimenta com excelentes conteúdos ao menos duas vezes por semana. Aos poucos, você se torna autoridade para a sua audiência.

Este parágrafo é para fortalecer a importância de uma lista, pois é através dela que você gerará seu faturamento. Por exemplo, eu consigo medir o valor das listas e já construí dezenas delas que chegam a valer 1 milhão de reais. Como assim, Bruno? Simples. Sempre que fazemos uma ação de vendas, a lista bate um teto de faturamento. Para aumentar seu valor, você precisa investir em tráfego para gerar novos cadastros e mais conteúdo para engajar o público.

Um aluno que conseguiu alinhar muito bem seu novo caminho com o seu propósito de vida foi Jerônimo Machado, que hoje trabalha 100% on-line, de casa ou de onde quiser. Ele presta consultoria para empresas e para pessoas, para profissionais autônomos, coaches, psicólogos, micro e pequenas empresas, principalmente, com foco em gerar resultado para elas e aumentar o faturamento desses negócios.

Jerônimo é formado em Direito e trabalhou mais de dez anos na área, em multinacionais, empresas de todo tipo de mercado, sempre na área jurídica. No entanto, depois de um tempo, começou a perceber que nunca gostou de Direito. Ficar oito, dez horas trancado em uma sala começou a lhe trazer sérios problemas emocionais e se tornou uma verdadeira tortura, ainda mais para gerar lucro para uma empresa gigante cujos donos ele nem sabia quem eram, nem sequer tinha conhecimento de para quem ia o fruto de tanto esforço. A cada ano, ele sabia que precisava fazer alguma coisa toda vez que olhava pela janela e via o dia passando lá na rua enquanto ele permanecia trancado em uma sala.

Por causa disso, começou a estudar marketing digital, a procurar outra forma de trabalho, mas seu grande problema de início foi colocar em prática tudo o que sabia da área. Ele já tinha muitas informações de diversos cursos, de estudos que fez durante alguns anos, mas não conseguia colocá-las em prática em um pacote fechado para conseguir prestar esse serviço para um cliente. Permaneceu três, quatro meses sem estudar marketing digital porque tinha pensado: "Não, não tenho perfil para isso, vou voltar para minha carreira na área do Direito". Ele havia desistido de correr atrás do sonho. De todas as etapas que vimos no começo deste capítulo, Jerônimo não havia cumprido a da ação, e, com isso, a motivação foi embora.

No entanto, ele tinha uma irmã que havia ido a Dublin estudar, e, quando ela voltou de viagem, contou-lhe que tinha um amigo que

Capítulo 4 | Seis modelos de negócio on-line que você pode estudar

trabalhava com marketing digital, e esse amigo era eu! A irmã dele e eu estudamos na mesma sala durante o meu intercâmbio. Ele não pensou duas vezes para se inscrever quando montei minha primeira turma de consultoria, o que o tirou da estagnação e o fez realmente começar a trabalhar com marketing digital. Seu trabalho no meio digital começou a andar e decolou. Ele prestou serviço para pessoas que precisavam de todo o conhecimento que ele havia acumulado ao longo dos anos.

Hoje ele relata que sua vida mudou totalmente. Na sua rotina anterior, dentro de uma empresa, ele ficava de oito a dez horas por dia numa sala. Hoje trabalha em casa, e, como gosta muito de viajar, pode trabalhar em qualquer lugar, porque só precisa de um notebook e de uma conexão com a internet. Ele presta consultoria para pessoas no mundo inteiro, e tem clientes tanto no Brasil como no exterior.

Esse modelo proporcionou para Jerônimo poder atender às coisas mais importantes da sua vida, ter mais tempo para a sua família e para as pessoas de que gosta e poder ajudar empresas e pessoas a ter sucesso. Ele afirma que as pessoas muitas vezes acham que sucesso só está ligado a dinheiro ou conquistas materiais, mas hoje ele tem qualidade de vida e é muito mais feliz.

Plano de ação

Depois de tudo o que aprendeu sobre modelos de negócio e estruturação de ideias, identifique o seu perfil de negócio e pesquise quem está no mesmo segmento que você.

Para produtos digitais e infoprodutos, você pode começar visitando o Hotmart (<www.hotmart.com.br>); para estudar franquias, procure a Associação Brasileira de Franquias (<www.abf.com.br>); já publicações como a *Pequenas Empresas & Grandes Negócios* podem ajudá-lo também, assim como os tutoriais do Facebook e do Google para anúncios, caso você se interesse por publicidade.

Busque o máximo de informação possível e responda a estas questões:

1. Dos seis itens apresentados, o que você pretende vender?

2. Descreva melhor o item que escolheu. Como será entregue? Quanto custa? Reúna todas as informações que tiver para descrever seu produto ou serviço.

3. Qual a grande promessa de seu produto? O que ele vai resolver na vida das pessoas? Faça uma breve descrição.

4. Quem compete diretamente comigo? Qual seu ponto forte e seu ponto fraco em comparação a seu principal concorrente?

CAPÍTULO 5

A lógica do mundo mudou

A DIFERENÇA ENTRE LUCRO E VALOR

Você já estabeleceu o tipo de empresa que quer ter e em qual nicho quer atuar, e se preparou com um pequeno dossiê sobre a sua área de atuação e sobre seus principais concorrentes. Agora, precisa dar um passo além.

No meu entendimento, existem empresas que focam em gerar valor e empresas que focam em gerar lucro.

O lucro é algo limitado e que se esgota ao final da venda. Já o valor é um multiplicador para a sua empresa e automaticamente gera lucro.

Valor é o grau de benefício percebido pelo cliente por toda a experiência que você proporciona a ele. É a percepção dele sobre sua empresa e sobre a transformação que ela gerou em sua vida, passando por todas as etapas do processo, desde a divulgação até a construção de sua autoridade diante dele. A venda e o atendimento pós-venda não apenas pode fidelizar aquele cliente, mas torná-lo seu fã e maior apoiador. É papel de um negócio de sucesso buscar sempre gerar o máximo de valor para os seus clientes. Afinal, onde há valor, o dinheiro vem naturalmente.

Existem muitos casos de empresas que se preocupam mais com gerar valor do que lucro. A Amazon, gigante mundial do varejo, é um dos maiores exemplos disso. A empresa foi fundada por Jeff Bezos em 1995. Ao longo dos últimos 20 anos, suas receitas aumentaram exponencialmente, enquanto seus lucros estão em torno de zero ou abaixo disso.

Em 2014, a companhia faturou 88 bilhões de dólares, mas registrou um prejuízo de 240 milhões dólares. Seria a Amazon um fracasso então? De forma nenhuma, porque em 2015 o mercado de ações indicava que a empresa valia oito vezes mais que a rede de supermercados britânica Tesco, que teve uma receita de 111 bilhões dólares, com um lucro de 4 bilhões dólares.[1]

Isso quer dizer que a Amazon foca em gerar valor para os seus clientes: o melhor serviço de logística, o melhor catálogo de produtos, o serviço mais inteligente, entre muitas coisas mais. Graças a isso, seu valor só aumenta e é pouco provável que ela desapareça. Eu aconselho fortemente que você se concentre em gerar valor para seu negócio, para que o lucro venha naturalmente. A Amazon, por acaso, em 2016, teve um lucro líquido de mais de 500 milhões de dólares só no primeiro trimestre, comprovando que a estratégia de gerar valor funciona, sim.[2]

---

[1] Disponível em: <http://www.bbc.com/portuguese/noticias/2015/07/150715_amazon_20_anos_rb http://www.bbc.com/portuguese/noticias/2015/07/150715_amazon_20_anos_rb>. Acesso em: 29 ago. 2016.

[2] Disponível em: <http://www.valor.com.br/empresas/4542899/amazon-reverte-prejuizo-em-lucro-de-us-513-milhoes-no-1-trimestre>. Acesso em: 29 ago. 2016.

AUDIÊNCIA E AUTORIDADE

Um dos elementos-chave para gerar valor é ter autoridade sobre a sua audiência. Sabe por que a Rede Globo chega a cobrar mais de 100 mil reais em um anúncio? Porque ela tem audiência e autoridade com seus atores e repórteres. Esses são os dois elementos-chave de um negócio. Se você tem isso, você tem um negócio rentável.

Audiência significa a quantidade de pessoas interessadas no que você tem a oferecer — as quais posteriormente podem se tornar clientes —, o número de pessoas na sua lista ou até de seguidores que você consegue ter.

Quantas pessoas estão interessadas na solução que você tem para oferecer e como você pode fazer para ampliar esse número? Audiência é o grande desafio do qual trata a divulgação. Qualquer empresa precisa ser divulgada e não apenas se tornar conhecida para ganhá-la, mas também é possível comprar a audiência por meio de anúncios e daí trabalhar a sua autoridade sobre ela.

Comprar audiência é simples, mas você precisa saber como mantê-la, tornando-se autoridade para ela. Para isso, precisa de frequência e consistência no seu conteúdo.

Ainda usando o anúncio na Rede Globo como exemplo: para ter frequência, quando se compra audiência, fica muito caro. Eu o aconselho a direcionar as pessoas para seu ambiente, um site, por exemplo, convertê-las em cadastros e começar um relacionamento. Você deve descobrir o que elas querem receber de você e lhes enviar semanalmente conteúdo relevante que resolva seus problemas, sem pedir nada em troca. Dessa forma, você constrói autoridade e educa o outro.

Por exemplo, se você é um arquiteto, em vez de anunciar a venda de seus serviços na internet, que tal preparar um vídeo com os dez passos para construir a própria casa e evitar prejuízo e atraso nas obras? Então, para que as pessoas tenham acesso a esse conteúdo, precisam deixar o e-mail. Você enviará uma sequência programada de mensagens com o objetivo de conquistá-las e convertê-las logo em seguida, mas, primeiro, você deve entregar valor.

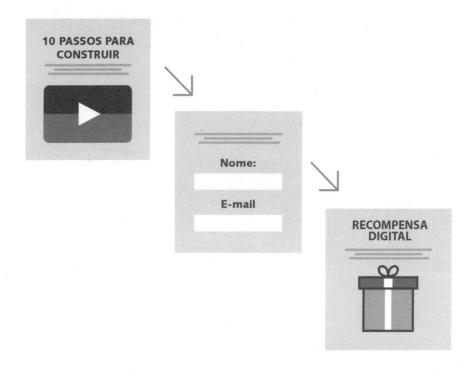

Ao se cadastrar, a pessoa já tem acesso a seu primeiro vídeo, e no dia seguinte você entrega outro com o tema "Como contratar um arquiteto", no qual abre o jogo sobre todas as armadilhas e cuidados que devemos tomar ao contratar um profissional. No final, você pode pedir que o adicionem no WhatsApp, por exemplo. Dessa forma, começa um relacionamento focado em gerar valor.

Vamos agora entender melhor esses conceitos com o caso de um aluno meu. Leandro Fonseca tinha muitos problemas para ganhar audiência on-line. Apesar de graduado em Marketing, via dificuldades nessa área. Atualmente, ele trabalha em uma empresa de marketing multinível, a Jeunesse. Leandro sempre gostou de tecnologia e se relacionou com ela desde criança, acompanhando principalmente os jogos eletrônicos.

Quando a internet e os videogames se popularizaram, ele se tornou um dos maiores usuários da rede, e por meio dessas conexões

Capítulo 5 | A lógica do mundo mudou

conheceu gente do mundo inteiro. Ele conta que essa foi a primeira pista sobre a profundidade dos relacionamentos que você precisa construir no ambiente on-line. Ao começar a sua carreira em vendas, Leandro foi buscar especialização em marketing digital, e conta que o início foi muito difícil. Ele criava campanhas e tentava gerar audiência para elas, de acordo com o perfil do cliente, ou uma campanha patrocinada, e não tinha resultado, ficando muito frustrado.

Leandro diz que nessa época tinha vontade de desistir, alimentando muitas vezes um sentimento até de derrota. Como um jovem cheio de sonhos, caía na tentação de achar que o caminho era fácil, via pessoas falando de diversas estratégias, especialistas tendo resultados muito altos que impactavam o mercado, mas, ao entrar em campo, percebeu que o jogo era muito diferente, e que ele precisava estar bem estruturado para continuar nele.

Ele viu que tinha uma grande deficiência, que precisava entender e dominar a tecnologia e suas plataformas. Então decidiu pesquisar, foi para a internet, entrou em contato com os cases dos empreendedores digitais, foi conhecer os portfólios de quem estava fazendo um bom trabalho no mercado. Foi assim que ele chegou até mim e me procurou para aprender a lançar plataformas de automação de e-mail, campanhas no Facebook, campanhas no Google, e-marketing e YouTube. Exatamente o que ele precisava para construir audiência: conhecer esse conjunto de ferramentas disponíveis e saber utilizá-las no seu negócio.

Ele afirma que não viu esse portfólio nos outros cursos, e é isso que faz o movimento nos negócios, é a audiência que faz o resultado aparecer. Ele também aplicou algumas estratégias de marketing em produtos digitais próprios e teve grandes resultados. Leandro calcula que conseguiu um retorno médio de 300% a 400% sobre os investimentos que fez em duas semanas. O mais engraçado é que começou sua primeira campanha em um sábado de Carnaval e bombou de tal forma que jamais imaginou. Curiosamente, também, foi nessa semana que tive mais visitas no meu site e as vendas também seguiram os acessos.

Entender quem era o seu público, quais eram seus problemas e fazer anúncios direcionados no Google ou Facebook o fez multiplicar os seus resultados e os de seus clientes, e assim pôde dobrar o número de clientes, inclusive atendendo e relacionando-se melhor com eles.

Ele entendeu também a necessidade de segmentar seus públicos para o marketing multinível, uma vez que para atuar nessa área você trabalha com dois públicos diferentes: as pessoas interessadas em seu produto e aquelas interessadas em revender aquele produto. Elas têm desejos e problemas diferentes, e você deve entendê-los e segmentar a comunicação certa para cada pessoa.

Hoje, Leandro conta orgulhoso que acompanha os resultados das campanhas digitais e nota que as pessoas que se cadastram vêm de diversos estados, como Amazonas, Amapá, Bahia, Salvador, São Paulo, Rio de Janeiro etc., e perguntam sobre seus produtos e serviços. Isso é muito gratificante, porque os clientes fecham um contrato com segurança, e ele sabe que vai trazer o resultado, que aquilo não é o marketing da esperança e sim algo que rompe as fronteiras.

Afinal, por que para conseguir uma boa audiência tanta gente vai para a internet? Porque na rede, com 10 mil reais, você pode fazer muito, impactar uma quantidade imensa de pessoas, e em um negócio clássico não dá para fazer quase nada, como comprar mídias tradicionais, por exemplo. E ainda existem os custos para montar um negócio físico, como aluguel, móveis, salários de funcionários etc.

E o mercado de internet no Brasil está longe de ser considerado saturado. Para você ter uma ideia, apenas em 2014 conseguimos atingir um percentual de mais de 50% de domicílios conectados em nosso país. Apenas 54% dos brasileiros com mais de 10 anos estão na internet, o que significa que ainda tem milhões de pessoas — com poder de compra e de decisão — que vão entrar na rede nos próximos anos com a popularização dos dispositivos e da conexão.[3]

---

3 Disponível em: <http://g1.globo.com/tecnologia/noticia/2016/04/internet-chega-pela-1-vez-mais-de-50-das-casas-no-brasil-mostra-ibge.html>. Acesso em: 29 ago. 2016.

Apesar do alarde que a mídia faz sobre a crise, nosso país ainda está em ascensão nesse sentido. Ainda somos um país subdesenvolvido e muito pobre na maioria das regiões. Sempre imaginei que países asiáticos como Camboja, Vietnã e Malásia, por exemplo, eram muito pobres, mas na verdade eles são iguais ao Brasil. O espaço para crescer em termos de negócios ainda é gigantesco, não podemos pensar que o mercado está saturado.

NÃO EXISTE VENDA PARA EMPRESAS, O FAMOSO B2B (BUSINESS TO BUSINNES)

Na faculdade de publicidade e nas principais bíblias do marketing, aprendemos como se faz o marketing B2B, o famoso *business to business*, no qual a empresa vende para outra empresa (em vez de focar no público final, ou seja, as pessoas físicas). Hoje, todo mundo quer se comunicar e se relacionar com outras pessoas, e para isso é preciso humanizar a comunicação e conhecer muito bem o público-alvo, onde ele vive, quais são suas esperanças, seus medos e desejos.

As faculdades ainda hoje ensinam que a modalidade de negócios B2B é possível. Eu não acredito mais na eficiência desse modelo, pois já trabalhei muito tempo dessa maneira e, quando mudei a forma de me comunicar, os resultados explodiram, uma vez que as empresas são feitas de pessoas!

Pensar de acordo com o marketing B2B vai funcionar cada vez menos, porque em toda empresa existem pessoas as quais você precisa convencer, encantar e influenciar. Então, mesmo que seu foco seja vender para empresas, faça a sua comunicação para quem está dentro da organização. As pessoas que estão à frente das áreas são a sua audiência. Por isso, em suas propostas, seus conteúdos e informativos, fale diretamente para o profissional do Financeiro, o assistente de RH, o comprador, o administrador.

Por exemplo, você já levou alguma empresa para passear? Claro que não! Você sai para almoçar com um diretor que se chama José, ou um gerente de marketing que se chama Bruno, e é por isso que deve sempre focar a sua comunicação em pessoas, e não em empresas. Não existe o B2B. Seja o seu produto físico ou digital, uma consultoria, um serviço, ele sempre será vendido para pessoas. Afinal, atrás de cada cadeira de uma empresa existe um ser humano que toma decisões.

Na época em que trabalhava para a Eaton, que encarávamos como B2B, fazia as mídias e comunicações de um jeito mais tradicional e um tanto quanto quadradas, como em todos os mercados. Hoje, eu daria uma cara para cada linha de produtos. Por exemplo, se fosse vender produtos para o setor sucroalcooleiro, recrutaria o gerente de vendas para ser o garoto propaganda, pois é ele quem se relaciona com as pessoas e deve ser a referência na empresa. Por meio dele, construiria uma lista de relacionamento e compartilhar conteúdo para ajudar as usinas a melhorar seus resultados, criando um relacionamento próximo, conquistando um a um.

A COMUNICAÇÃO CERTA

Depois que você consegue construir audiência, é importante saber o que importa para essas pessoas para poder vender com efetividade os seus produtos. Se você quer viver de anúncios (o que eu não aconselho), por exemplo, pense que ao criar um anúncio as pessoas em geral são direcionadas para uma página que tem uma foto, um título e uma pequena descrição daquele produto. Se forem um pouco mais espertas, essas empresas falarão dos benefícios e das características do produto, colocando no final um botão de compra para ele. Isso funciona muito pouco, porque esse tipo de comunicação fala apenas com seu neocórtex cerebral (que controla suas decisões e atitudes pensadas, que não são instintivas).[4]

Se essas informações tivessem o poder de convencer alguém, você não encontraria, por exemplo, pessoas que fumam. Todo mundo sabe que fumar faz mal. Além disso, existem outras coisas sobre as quais a comunicação tradicional já cansou de nos alertar e nós não damos ouvidos, porque nosso cérebro começa a trabalhar para buscar

---

4 Disponível em: <http://www2.fm.usp.br/tutores/bom/bompt39.php>. Acesso em: 29 ago. 2016.

Capítulo 5 | A lógica do mundo mudou

justificativas para fugir das decisões. As empresas, assim, levam a pessoa direto ao anúncio do produto e essa é a única informação com a qual o cliente se depara. O primeiro erro é esse. Afinal, essa é a mentalidade de chegar pensando em vender, porque se assume que as pessoas querem o produto naturalmente, e o que elas querem não é um produto, e sim uma TRANSFORMAÇÃO. Em vez de vender a carne, venda o cheiro da carne; pois depois que o cliente encanta-se com o cheiro fica mais fácil vender.

O que as pessoas mais desejam é transformação. Seria muito melhor se as empresas fizessem um anúncio para vender a famosa transformação que aquele produto oferece (pense bem, qualquer produto lhe dá uma transformação). É por isso que, em um anúncio, você precisa fazer que ele direcione o cliente para uma página que faz as pessoas receberem algo diferente de informações técnicas sobre um produto. O que é esse algo diferente? Fazer essa venda em duas ou mais etapas.

O que é mais efetivo? Mandar a pessoa direto para uma página de vendas oferecendo seu produto ou serviço ou entregar algo gratuito e que chame muito a atenção dela?

Existem pessoas que se aproximam do seu negócio apenas por curiosidade. Você pode transformar essa curiosidade em acessos no mundo on-line. Muitas vezes elas são atraídas por um anúncio ou indicação e, uma vez no seu site, o próximo passo é transformar esses curiosos em cadastro. Assim, você inicia sua comunicação, seu relacionamento e, então, você deve entregar muito conteúdo, despertando necessidade, matando objeções, encaminhando a pessoa para a venda.

Quando a pessoa se torna um cadastro ou *lead*, como chamamos, BINGO, aí começa o seu relacionamento, uma comunicação focada em transformar um cadastro em cliente e, logo em seguida, o cliente se torna divulgador da sua marca por meio de uma excelente entrega do produto. No entanto, lembre-se de que a venda deve começar outro ciclo de comunicação e muitas empresas encerram por aqui seu relacionamento com o cliente. Se é tão caro conquistar um cliente, por que não mantê-lo?

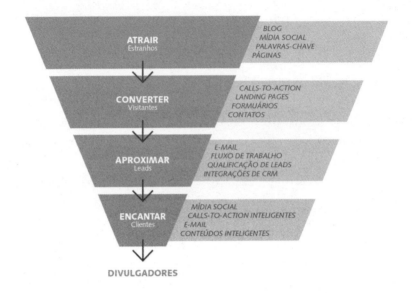

A pessoa deve sempre encontrar um conteúdo na sua página que tenha sido feito para ela. Então, imagine que seu negócio vende itens para bebês. Quem são os clientes, para quem você fala? Obviamente não para os bebês, mas para as mães. Você está falando com mães que deram à luz recentemente e que possuem necessidades, problemas, dores e desejos especiais, que passam por uma grande mudança de vida naquele momento e precisam de apoio. Entregue algum presente por e-mail para essas pessoas toda vez que elas chegarem ao seu site. Peça o e-mail delas e envie um e-book em troca disso — no caso das mães, imagino que elas adorariam saber como preparar papinhas, como evitar que seu filho pegue a doença da estação, como fazer o bebê dormir sem chorar, enfim, são muitas as possibilidades e os problemas a serem resolvidos. Ou prepare uma videoaula, ou uma planilha que facilite o dia a dia dela. Agora, imagine um grupo ativo no Facebook para as mães trocarem experiências e você como moderador. Dá trabalho, mas dá muito resultado, pois você pode ter os dois elementos principais para realizar uma venda: audiência e autoridade.

Capítulo 5 | A lógica do mundo mudou

Entregue algo que já tinha sido feito previamente e preparado para ela, que toque na ferida, na dor da pessoa, despertando seu interesse em conhecer mais o seu trabalho, criando autoridade para você e seus produtos. Afinal, você prefere comprar uma chupeta para seu filho de um especialista que ofereceu gratuitamente um infográfico com as diferenças entre os modelos, os tamanhos, as marcas, e para qual caso e idade cada uma é mais adequada ou prefere comprar na farmácia, sem nenhuma outra instrução? Quem lhe ofereceu o conteúdo que sanava suas preocupações sai muito na frente, e talvez você, com o guia em mãos, compre não uma, mas dez chupetas, uma para cada fase do seu filho.

Por isso, não se esqueça de que em quase todos os seus conteúdos na internet deve haver um formulário de captura que solicite o endereço de e-mail do visitante. Além disso, em todas as suas vendas físicas tente conseguir o contato do seu cliente para continuar enviando conteúdos úteis e valiosos para ele.

Agora, claro, você vai direcionar esses endereços de e-mail para um software de automação de marketing, um autorresponder, afinal, o ser humano não é capaz de administrar essa lista depois de um tempo. Você pode escolher o software que preferir, na verdade, acredito que a ferramenta não importa muito — todas elas mudam de acordo com a estação e você sempre pode aprender uma nova —, mas você precisa conhecer o processo certo, saber o caminho do usuário em seu site. A ferramenta é só um acessório que você domina.

O maior erro dos empreendedores é contratar ferramentas sem entender o processo ou o caminho do usuário no site. Pense que ele será impactado por um anúncio, irá para uma página de captura de e-mail, em seguida verá uma página de agradecimento e receberá sequências de e-mails pré-programadas. Esse é um dos principais motivos para que as pessoas travem no início dos negócios digitais: não saber o que fazer e comprar ferramentas à toa e, assim, considerar a ferramenta difícil e desistir.

A chave do processo é conseguir audiência e montar uma lista de pessoas interessadas no assunto em que você será a autoridade. Quando me encontram na rua, as pessoas querem tirar foto comigo e ficam muito felizes. Eu fico tímido, afinal não sou celebridade, mas entendo que, para elas, eu me tornei uma autoridade naquilo pelo que se interessam, pois transformei a vida delas de alguma forma.

Você precisa conhecer o caminho de seus visitantes dentro do seu site e da sua loja. Imagine o seguinte: ao colocar o e-mail a pessoa recebe o conteúdo, em seguida uma sequência de e-mails que está previamente programada. A partir daí você vai passar a se comunicar com o cliente, estreitando cada vez mais o seu relacionamento, enviando sempre novos conteúdos — porém, não qualquer conteúdo, mas conteúdos que despertem cada vez mais a curiosidade dessa pessoa.

Você cria, assim, autoridade, e quem chega até seu site no primeiro momento é apenas alguém pesquisando determinado assunto, e dentro dessa pessoa ainda existem diversas dúvidas e objeções que precisam ser sanadas e exterminadas. Essa é a principal barreira que impede alguém de comprar o seu produto. Esse conteúdo e o relacionamento que você consegue estabelecer servem exatamente para isso: matar as objeções e a falta de confiança natural do cliente. As objeções funcionam como uma barreira que impede o seu potencial cliente de comprar seu produto.

Você deve estar lendo esta parte do livro com a preocupação de que não terá tempo de escrever e-mails completos todos os dias para esses clientes, mas fique tranquilo, pois toda a sequência é automatizada. É para isso que serve a ferramenta de autorresponder, não importa qual

Capítulo 5 | A lógica do mundo mudou

escolher. Ela é programada para você, que vai informar ao programa que, quando o cliente preencher determinado formulário no seu site ou clicar em determinado botão, receberá uma sequência programada.

No primeiro e-mail, deverá ser enviado um arquivo digital, que pode ser um PDF. Digamos que você venda serviços de consultoria financeira, então, esse PDF pode ser um e-book com as dez dicas mais inteligentes para se livrar das dívidas, ou as dez dicas mais quentes para investir na bolsa de valores. Não importa a data em que essa pessoa entre na sua lista, ela vai receber uma sequência de e-mails que você planejou e na ordem certa. Dessa forma, você vai educar o seu consumidor e convencê-lo de que é a melhor opção para ele. Durante a sequência que prepara, você agirá sobre qualquer objeção que possa surgir.

As três objeções clássicas que você pode resolver através de uma comunicação correta são:

1. Eu não confio no vendedor

Quando não o conhecem, é normal existir essa dúvida. Afinal, não estão familiarizados com você. É possível matar essa dúvida de uma vez por todas mostrando quem você é por meio do gatilho da autoridade.

A autoridade é uma das formas mais poderosas de mostrar valor de algo ou alguém para outra pessoa, e existem algumas formas de ativar isso. A primeira é estar junto de outras autoridades. Pense em um comercial de TV: as pessoas acreditam que aquele produto é bom porque está na televisão, porque existe uma celebridade conhecida falando sobre ele, ou imagens de pessoas que usaram o produto e conseguiram resultados.

Outra forma de ter autoridade é ter passado por empresas ou reportagens sobre você, e isso você consegue com seu trabalho — basta colocar como meta ir atrás do seu reconhecimento, e depois divulgar aos seus clientes. Eu também nunca acreditei que pudesse sair na Globo, mas me coloquei essa meta e já saí não só uma, mas duas vezes. Uma no Globo News, e recentemente no *Pequenas Empresas & Grandes Negócios*.

Além disso, você pode construir autoridade e matar objeções com depoimentos de seus clientes, é por isso que já no começo do livro eu cito minha história e cases de pessoas que ajudei, por exemplo, assim você vê que meu método funciona e já foi comprovado em outras pessoas.

Você pode enviar esses depoimentos no e-mail, publicá-los na sua página no Facebook e assim começar a conquistar o cliente. Esta é uma nova forma de fazer marketing, ou seja, fazendo-se presente todos os dias na cabeça das pessoas. Um anúncio que em mídia tradicional custaria algo na casa dos milhões, na internet pode ser até de graça. Sabe aquele famoso jargão "Quem não é visto não é lembrado"? Ele é real. Com essa estratégia, você é lembrado quase todos os dias.

2. Eu não preciso disso agora

A pessoa já rompeu essa barreira de que precisa ser convencida de que aquele produto oferece o que ela quer. No entanto, ela acredita que pode comprá-lo no futuro. No marketing tradicional da esperança, o cliente entra no seu site, gosta do seu produto, fica interessado, quer comprá-lo, mas deixa para fazer isso depois, e você fica à espera de ele vir até você ou bater na sua porta.

Quando você traz essa pessoa para dentro do seu funil de vendas on-line, pode educá-la e, em dado momento, gerar escassez sobre o produto, criando um estado de urgência para comprá-lo. Quando você tem um funil de vendas muito bem estruturado, elas serão diárias. Você precisa trabalhar a dor futura da pessoa — quando ela se dá conta de que precisa aprender inglês, por exemplo, muitas vezes é porque já perdeu diversas oportunidades. O seu papel é mostrar isso.

3. Isso não dá certo para mim

A melhor forma é mostrar o depoimento de pessoas que já foram transformadas pelo seu produto. E você deve estar se perguntando: "Como eu consigo depoimento de outras pessoas?". Pode ser em eventos presenciais por meio de gravações em que o cliente fala sobre seu

Capítulo 5 | A lógica do mundo mudou

produto ou o prova, ou você pode mandar um áudio de WhatsApp para ele pedindo que conte a experiência com o seu produto. Pode ainda convidar essa pessoa para ser entrevistada por você on-line, por Skype, Google ou Hangout. Muitas vezes, negócios que não associamos ao mundo on-line são os que mais se beneficiam desse tipo de estratégia.

Um exemplo muito bom de como matar as objeções dos clientes é o de Carolina Caribé, uma de minhas alunas. Ela é arquiteta e urbanista e não tinha conhecimento nenhum sobre o mundo digital. A sua carreira mudou muito desde a formatura, pois ela começou como *trainee* corporativa, logo depois de se formar. Quando se viu no topo da empresa, percebeu que algumas coisas continuavam a incomodá-la e que seria assim para sempre: dizer onde estava para o chefe, cumprir horário... Isso a fez começar a pensar: "Preciso de um plano B". Em 2011, ao começar um MBA bem focado na área de incorporação imobiliária, Carolina percebeu que várias pessoas que já estavam trabalhando na área tinham deficiências em vários conteúdos muito importantes.

Ela viu que estava com o ouro nas mãos, que o que ela dominava poucas pessoas dominavam, e muitas precisavam desse conteúdo. Então, começou a montar a própria empresa, a Incorporação na Prática, e no final de 2013 começou a prestar várias consultorias. Ela foi convidada a dar uma palestra no congresso digital de arquitetura, e esse foi seu primeiro contato com o mundo virtual. Eu ia palestrar no mesmo congresso e nos conhecemos lá. Carolina se encantou por começar uma consultoria e explorar as oportunidades que o mercado digital oferecia e eu a apresentei a esse evento.

A primeira novidade foi descobrir que o site da sua consultoria estava todo errado. Ele falava com um público que não era o dela. Carolina, então, se dedicou à elaboração de sites, página de captura, e-mail marketing, tudo o que não existia no seu vocabulário de arquiteta — e que ela mal conhecia —, mas que nos ajuda a mostrar a empresa, torná-la conhecida por quem precisa conhecê-la e vender o produto.

A mentoria comigo durou quatro meses, mas até hoje nos falamos e nos ajudamos. A Carol tem um canal no YouTube com dezenas de vídeos e muitas vezes já foi questionada por fazer vídeos tão técnicos, por dar conhecimento tão valioso de graça para as pessoas. No entanto, o sistema de oferecer muito funciona, porque ela cresce em autoridade e se mantém muito próxima dos seus clientes. Nas palavras dela, "Não, eu não estou dando conhecimento de graça para as pessoas, eu estou mostrando para elas o que elas não sabem. E se elas quiserem saber mais, vão me contratar". Está aí uma pessoa que entendeu a necessidade de gerar valor e construir autoridade para um público exigente.

Os e-mails e as comunicações que você fará para o seu cliente servem para três coisas: matar objeções, gerar relacionamento e valorizar os seus produtos.

Como descobrir as objeções específicas de seu produto? Elas saem de pesquisas que você faz com o cliente, de perguntas que recebe por e-mail e da sua persona transformada. A persona transformada é o que a pessoa que adquire o seu produto será ao adquiri-lo, é como o seu público-alvo quer ser e você precisa saber disso.

Em determinado momento, você oferece para o cliente um produto seu com uma oferta irresistível, e é nesse momento que ele estará preparado para comprá-lo. Para facilitar ainda mais, você pode tirar das costas dele todo o peso de comprar o produto e de talvez não gostar, por isso ofereça sempre a garantia de 30 dias (algo que explicarei melhor ao falar de funil de vendas).

O QUE O DESERTO DO SAARA TEM A VER COM O SEU NEGÓCIO?

Quando eu estava conhecendo o deserto do Saara, em uma noite depois de muita caminhada, o grupo do qual eu fazia parte já estava exausto, mas um dos guias chegou animado até nós e falou: "Quem quer ver o lugar mais bonito do deserto do Saara?". Bom, o grupo inteiro estava ali justamente para isso: ver paisagens bonitas e ter experiências diferentes, não é mesmo? Embora depois de um dia exaustivo de viagem e uma longa "camelada", é claro que todas as pessoas foram para mais uma experiência que prometia ser inesquecível.

Agora imagine se esse guia tivesse falado: "Quem quer escalar uma duna imensa agora?", quase ninguém iria, ainda mais cansado, em plena noite. Mas o que ele fez? Pegou somente nossos desejos, o nosso desejo mais forte, a razão de nossa existência naquele lugar, e fez a proposta em cima daquilo. Quando chegamos à metade do caminho, todo mundo morto, ele disse: "É ali!", e ainda estávamos na metade da duna, faltava muito; não sei se você já escalou uma duna, é muito difícil, mas ninguém desistiu.

Por que estou dizendo isso? Quando for construir o funil de vendas do seu negócio, usará a mesma dinâmica. Você não pode falar do problema, tem de apontar os sonhos e desejos daquele cliente, mostrar a solução e encorajá-lo para a busca dessa solução. Você o motiva a sair do estado A para o estado B, do estado atual para o estado desejado. Então você fala para a pessoa: "Você quer chegar aqui?", e daí cria pequenas etapas na cabeça dela, porque assim você dá pequenas vitórias para encorajá-la a chegar até o fim.

Enquanto subíamos a duna, os guias nos encorajavam, e fizeram isso tão bem que dois dos integrantes saíram correndo e chegaram ao topo muito antes do que o resto do grupo. É claro que esses dois ficaram lá de cima nos instigando a chegar ali, a não desistir. O finalzinho é a parte mais difícil e representa o que passamos na hora de vender ou atingir um objetivo, é o momento de motivar o cliente ou o parceiro que está ali.

Você precisa estar ao lado de seus clientes, mostrar como vai ajudar a resolver os problemas deles, indicar aonde eles querem chegar e de que forma isso vai acontecer.

Foi o que os colegas que chegaram mais cedo fizeram, chegando ao topo da montanha e encorajando a todos. O que são as pessoas que já chegaram lá em cima? Elas representam os depoimentos positivos do seu produto.

Toda vez que apresento um case de sucesso, por exemplo, torna-se mais fácil para um aluno ver a transformação que ele pode ter, e serve para mostrar que é possível e que pessoas comuns também conseguem. Ou ainda que parte do programa não está certa, o que o motiva ainda mais.

Se as pessoas se sentem em grupo e acompanhadas, o resultado pode ser muito maior. Leve seu cliente do estado atual ao estado desejado. Lembre que ele precisa escalar uma montanha, não lhe mande escalar uma montanha. Mostre pequenas vitórias a ele, coisas que lhe dão prazer, que são as etapas para chegar aonde ele quer. Quebre em pequenas tarefas, assim fica mais fácil caminhar, como se você colocasse uma escada na montanha. Construa o seu funil — explico mais adiante em detalhes como estruturá-lo — e aplique sobre o seu negócio.[5]

Essa é a base do *inbound* marketing: primeiro você vai gerar valor para depois fazer uma venda. Por meio dele você constrói audiência. O segredo para o sucesso dessa estratégia está em educar o cliente e produzir o conteúdo ideal, solucionando os problemas, e em produzir conteúdo que muitas vezes o cliente não imaginava que precisasse.

---

[5] Se você quiser me ver contando essa mesma história direto do deserto do Saara, acesse: <www.brunopinheiro.me/deserto>. Acesso em: 29 ago. 2016.

O *inbound* marketing ainda pode ser aplicado a qualquer mercado. Imagine que você seja um profissional autônomo, um corretor de imóveis. Você precisa estudar seu público-alvo e pensar em quais são todas as dúvidas e as perguntas que os clientes fazem num processo de compra. **Quais são todos os problemas que seus clientes têm? Quais são os sonhos de seus clientes? Quais são as perguntas de seus clientes no momento da compra? Quais são suas principais dúvidas? Respondendo a essas questões você já tem muito conteúdo para produzir.** Se alguém compra um imóvel e não sabe como funciona o contrato, quais são as cláusulas importantes? E como conseguir financiamento? Como contratar seguro? Tudo isso é uma fonte de produção de conteúdo, que mata as objeções na cabeça dos clientes. Lembre-se: vender é matar objeções.

NEGÓCIOS MAIS LEVES

Do mesmo jeito que o mercado mudou e você talvez não consiga mais vender do modo tradicional, como vendia antes, o modelo de empresas está mudando para conseguir acompanhar uma forma de vida diferente. O modelo CLT, por exemplo, cada vez mais perde forças, principalmente entre os profissionais liberais, que não aguentam mais ficar trancados o dia inteiro dentro das empresas para ser remunerados abaixo do valor que geram.

Já deve ter ficado claro até aqui que acredito no poder da internet para revolucionar nosso modo de vida, como aconteceu desde que a rede surgiu. Hoje, vemos que as empresas on-line surgem sem base física e sem grandes equipes, apenas com equipes remotas e *freelancers* que são pagos por resultados.

Acredito que o regime CLT na verdade dá uma falsa segurança, porque o funcionário sente que tem um contrato que o prende à empresa e que não permite à empresa se livrar dele por qualquer besteira — porém ela fará isso, mesmo que pague multas. Um profissional registrado pode alegar que os benefícios que recebe, como plano de saúde e vale-refeição, são muito vantajosos, mas será que não é melhor ganhar bem o suficiente para escolher e pagar pelo seu próprio plano de saúde? Não é melhor ganhar bem o suficiente para poder almoçar onde quiser, em vez de precisar do benefício da empresa? É melhor empreender e ganhar bastante dinheiro do que depender da previdência privada, por exemplo, que dificilmente traz o conforto de acordo com o investimento que você fez. Ter uma boa reserva financeira garante muito mais a sua velhice do que um programa de previdência privada.

Outro paradigma que precisamos quebrar é o da empresa com sede fixa em que todos os funcionários trabalham das 9 às 18 horas. A verdade é que a maioria dessas pessoas não está trabalhando de fato, mas "cumprindo horário". Se você já trabalhou nesse modelo alguma vez na vida, sabe que não estou mentindo. Uma pesquisa da consultora Betania Tanure publicada pela *Exame* em 2013 revela que os executivos acreditam gastar 38% de seu tempo em tarefas pouco importantes para a estratégia das companhias. São mais de cinco horas por dia apagando incêndios, respondendo e-mails ou participando de reuniões que duram horas.[6]

Com uma equipe on-line, você tem um risco muito menor ao ativar seu negócio do que se investisse em toda a estrutura que a equipe com sede fixa precisaria, o que significa que você não vai perder muito dinheiro.

No negócio on-line, você consegue ver o que está dando errado, porque estabelece indicadores claros de sucesso, como número de vendas, aumento da lista, produção de conteúdo. Na empresa, você acha que controla o funcionário, faz reuniões, cobra metas, mas ele é altamente improdutivo, não porque é uma pessoa mau-caráter ou incompetente, mas porque está infeliz.

A pessoa passa tanto tempo ali que não consegue ir ao banco, então pagará as contas on-line no horário de trabalho; não tem contato com os parentes, então vai entrar no Facebook para ver as novidades sobre eles e os amigos; e eventualmente vai se perder fazendo isso.

---

6 Disponível em: <http://exame.abril.com.br/revista-exame/edicoes/1034/noticias/rotina-de-executivos-inclui-muito-tempo-perdido>. Acesso em: 29 ago. 2016.

No mundo on-line, não importa quanto se está trabalhando, o que importa é a tarefa realizada e o resultado. Pode ser em 2 ou em 12 horas, e depois disso o funcionário é livre para viver a vida dele do jeito que achar melhor, sem dar satisfação a ninguém e inclusive com outro emprego se isso o fizer feliz. A tarefa e o resultado são mais importantes do que esses controles.

No mundo on-line, para analisar resultados, vemos dois elementos: tráfego e conversão. Tráfego é a quantidade de pessoas que acessam o seu site, assim como em um negócio tradicional, no qual você precisa de um bom ponto físico com bastante movimento para que as pessoas passem, vejam a vitrine e entrem na loja.

Você pode gerar tráfego através de posts em seu blog, vídeos no YouTube, redes sociais, e assim atrair pessoas de forma gratuita ou paga. O tráfego pode também ser comprado, por meio de plataforma de empresas como Google ou Facebook, em que você determina o perfil das pessoas que deseja atingir, e ela entrega o seu anúncio a esse público.

O segundo elemento é a conversão. Afinal, não adianta ter tráfego sem conversão. Esse elemento pode se dar por um simples cadastro de e-mail ou mesmo pela venda do produto. Muitas vezes geramos toneladas de tráfego e nada de conversão. Quando essa situação acontece, você precisa analisar o porquê dessa quebra de fluxo. Talvez você esteja atraindo tráfego desqualificado ou sua oferta não esteja boa o suficiente.

Não ter tráfego significa que as pessoas não chegam ao seu site. A raiz disso pode estar na qualidade de seu conteúdo, na sua estratégia de anúncios, nas palavras-chave que você escolhe para esses anúncios, por exemplo. Você consegue analisar cada etapa de produção e rever suas ações para corrigir o que não estava bom, assim como estudar estatísticas fornecidas pelo Google ou pelo Facebook sobre a sua página e entender que talvez esteja anunciando para um público que não está interessado naquilo.

Já não ter conversão significa que as pessoas chegam até você, o número de acessos e visualizações é alto, mas você não gera lista de e-mails porque elas não se interessam pelo conteúdo, ou você converte a lista porém ela nunca compra nada — então você já sabe que o conteúdo é bom, mas a oferta talvez não seja. Se o problema for de conversão em vendas, você consegue fazer uma pesquisa com a lista de *leads* e perguntar para eles do que precisam.

O FUNIL DE VENDAS

Chegamos ao tema do qual falo desde que começamos este capítulo: a montagem de um funil de vendas.

O funil de vendas nada mais é do que a estrutura de conteúdos que você vai oferecer ao cliente até construir a venda para ele.

Não importa qual estratégia de marketing escolheu para divulgar e vender o seu produto, sempre pense em um funil, pois assim você direciona o usuário para um caminho previamente definido, otimizando o seu investimento em tráfego. Não importa se você pensa em fazer um *webinar* (encontros on-line), lançamentos tradicionais em quatro vídeos, congressos on-line ou tráfego direto para uma página de vendas, sempre pense em um funil.

Primeiro, você precisa saber o que vai vender e o caminho de seu cliente dentro de sua empresa. E o que é isso? Você deve mapear todo o caminho do usuário e estar pronto a todo "SIM" e todo NÃO" que ele pode lhe dar e então ter pronta uma ação para persuadi-lo.

Digamos que você tenha um site de serviços que vende grupos de mentoria, que é um dos meus negócios hoje. Mas o que é isso? Ao longo de um período de seis meses, eu tiro duas tardes por mês para orientar as pessoas, os mentorandos, dizendo o que deve ser feito e revendo suas estratégias de negócio e como aumentar o faturamento deles.

Capítulo 5 | A lógica do mundo mudou

Nesses encontros, eu falo o que deve ser feito no negócio e enxergo possíveis problemas. Como isso seria executado num modelo tradicional de negócio? Em primeiro lugar, eu teria de fazer alguns cartões de visita, em seguida um fôlder sobre o grupo de mentoria e um evento para apresentar às pessoas o que seria esse trabalho.

Então, faria milhares de panfletos e tentaria distribuí-los para o maior número de pessoas possível, divulgando o evento. E como divulgar esse evento? Por meio de um anúncio no jornal, e um outdoor, talvez. Contudo, um outdoor apenas não dá em nada. Teria de investir em pelo menos dez outdoors para um bom resultado. Quando chegasse o momento do evento, eu passaria naquele dia um conteúdo muito bom para encantar os empresários ali presentes, e ofereceria o grupo de mentoria.

Ao terminar o evento, eu ligaria para essas pessoas e agendaria uma reunião no local de trabalho delas para fazer minha proposta. Lá, já sabemos que eu apresentaria o grupo de mentoria, mas meus clientes em potencial chorariam para abaixar o preço do programa. No fim, eles não fechariam o pacote de mentoria, pois quando eu dissesse que cobro acima de 15 mil reais, por exemplo, me chamariam de louco por oferecer isso para apenas um ou dois encontros por mês e um grupo de comunicação direta comigo, via WhatsApp.

Como isso funciona em um funil de vendas on-line? Eu produzo um conteúdo relacionado ao assunto com o qual trabalho, e faço anúncios de Facebook, nos quais consigo controlar a entrega do vídeo para pessoas do estado de São Paulo, ou para uma cidade específica, para o Brasil inteiro ou até para o mundo (hoje tenho clientes nos Estados Unidos, por exemplo; como o programa é on-line, não existem barreiras para participar da mentoria). Eu programo no Facebook e peço que aquele anúncio chegue a pessoas de 35 a 50 anos, profissionais liberais, já formados e profissionais autônomos que desejam construir um negócio on-line de sucesso. O Facebook entrega meu vídeo para essas pessoas. Quando faz isso, eu programo para anunciar o meu e-book ao clicarem no vídeo.

O e-book é uma recompensa digital, as pessoas me dão o e-mail delas em troca da entrega do e-book completamente gratuito. O primeiro que ofereci é *Os dez passos para um negócio on-line de sucesso*, e, como já havíamos previsto, quem vai baixar esse e-book quer exatamente isso, porque já foi atraído pelo conteúdo do meu vídeo do anúncio.

Resumindo: a pessoa clica no meu anúncio, é direcionada para a página do meu e-book e inscreve o e-mail. Assim que ela termina, abre-se uma página de agradecimento dizendo que receberá o e-book em breve por e-mail. Ali começa a magia do funil de vendas, porque naquela página de agradecimento ofereço um produto irresistível. E o que é isso? Um excelente produto com uma excelente transformação por um preço muito baixo. Assim, a pessoa pode pensar: o meu risco é muito pequeno, vou experimentar e ver se isso consegue mudar a minha vida. Dê também uma garantia de 30 dias para que utilize o seu produto e, se não gostar, você devolve o dinheiro.

Em geral, 10% das pessoas compram esse tipo de produto. No primeiro trimestre de 2016, vendi mais de 3 mil produtos desse (no meu caso, custa 27 reais). Esse tipo de produto nem é para o meu faturamento, é um dinheiro que reinvisto em tráfego para gerar novos clientes. Lembre-se de que o que me gera faturamento é o grupo de mentoria, um serviço exclusivo. A pessoa que se cadastrou na recompensa digital

Capítulo 5 | A lógica do mundo mudou

pode recusar o produto irresistível e não comprá-lo mais barato, eu também preciso me preparar para isso. Ela será redirecionada para uma sequência de e-mails para fazer essa compra. Caso não compre o produto irresistível, eu a direciono para a sequência de e-mails de venda de grupo de mentoria. Esses e-mails são estratégicos, para construir autoridade na cabeça dessas pessoas e matar as objeções.

Apresento o grupo de mentoria com uma página de inscrição depois que a pessoa já recebeu o e-book e a minha sequência de e-mails com conteúdos valiosos para o negócio dela. Na última turma, tive mais de 200 inscrições no grupo de mentoria, e selecionei apenas 15 pessoas para fazer parte dele. É um grupo de elite e precisa de seleção. Quando você tem um funil de vendas automatizado, fica muito mais fácil escalar o seu negócio, é o segredo de se fazer o funil.

Existem centenas de modelos de funil de vendas, cada um deve ser construído de acordo com a necessidade da empresa. A seguir, apresento um modelo de funil padrão para venda de produto ou serviço completo, composto de quatro etapas:

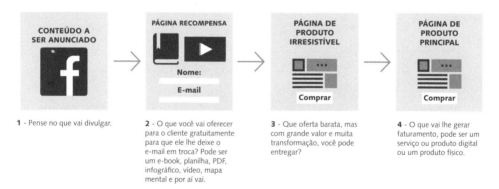

1 - Pense no que vai divulgar.

2 - O que você vai oferecer para o cliente gratuitamente para que ele lhe deixe o e-mail em troca? Pode ser um e-book, planilha, PDF, infográfico, vídeo, mapa mental e por aí vai.

3 - Que oferta barata, mas com grande valor e muita transformação, você pode entregar?

4 - O que vai lhe gerar faturamento, pode ser um serviço ou produto digital ou um produto físico.

Agora, veja a estrutura para que você possa implementar um funil de vendas composto de quatro etapas, apenas ressaltando que você pode eliminar uma ou duas etapas do funil e adaptá-lo à sua realidade. Outro ponto importante é que você não precisa pensar em como fazer isso, apenas defina com quais etapas vai trabalhar e trace o caminho do usuário no site fazendo um desenho de sua estrutura. Em seguida, pense em como passar isso para o universo digital.

A. Definir quais das quatro etapas citadas você vai utilizar e qual será o conteúdo.
B. Construir as páginas do seu funil: página da recompensa digital, página de vendas do produto irresistível, página de vendas do produto principal e páginas de "obrigado" das respectivas etapas definidas.
C. Sequência de e-mails.
D. Anúncios para divulgar seu funil.
E. Qual sistema de pagamento irá utilizar: PayPal, PagSeguro, entre outros. No entanto, se for vender produtos digitais, não pense em outro a não ser o Hotmart, uma empresa 100% segura e preparada para isso.

Nesse processo, que deve ser pensado de trás para a frente, da etapa 1 até a etapa 4, a primeira coisa a ser feita é definir qual será o seu produto e qual será a grande transformação que ele vai gerar. Qual será o seu produto principal? Depois dele, defina qual será o seu produto irresistível. Qual será a recompensa digital? Esse produto pode ser tanto físico como digital, um serviço, uma consultoria, participação em um grupo de coaching etc.

Não importa o mercado, a estratégia do funil de vendas funciona porque você soluciona as dúvidas e constrói autoridade antes de começar a vender, e faz isso em pequenas etapas, pequenos passos. Quando perceber o impacto de um produto digital e quanto ele pode fazer pelo seu negócio, quando você perceber a abrangência de um produto digital e a aplicação que ele tem no seu negócio, entenderá como economizar o seu tempo e aumentar a sua margem de lucro. Você vai preferir trabalhar com produtos e estratégias digitais. Mesmo que tenha um produto físico na sua empresa, você pode tranquilamente vender um produto irresistível ao comprador — algo que muitas lojas fazem, oferecendo produtos mais baratos com pouca margem de lucro só para abrir novos clientes que no futuro comprarão produtos mais caros. Você vai educar o seu comprador. Você passa a vender a transformação que o seu produto traz.

Para entender melhor essa dinâmica, vamos ver um exemplo básico, como quando alguém vai a uma loja de departamentos e compra uma furadeira. Ele não quer comprar mais uma ferramenta, mas quer o furo perfeito na parede que essa ferramenta traz. É isso que você vai vender: o furo perfeito na parede que seu produto é capaz de proporcionar. Foque, em todos os momentos, na transformação que esse produto vai trazer para a vida de alguém.

Nos meus treinamentos, quero que as pessoas tenham resultados. Nada mais me alegra do que receber uma mensagem no WhatsApp de um aluno dizendo que fez a primeira venda on-line e a porteira foi aberta (sem investir em mídia!). E eu enfatizo sempre para os meus alunos que esse resultado não foi causado por mim, mas por eles mesmos. Veja este *print* do WhatsApp que recebi do aluno Rubens Godoy, ele tem um curso que ensina ao vestibulando como estudar melhor.

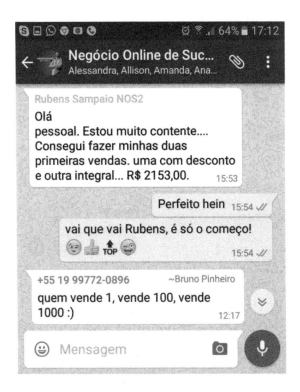

O resultado acontece quando você tiver a coragem de virar uma chave em sua mente e colocar em prática aquilo que já está dentro de você. Quando conseguir se livrar dos preconceitos sobre os modos tradicionais de trabalho, de relacionamento com o cliente e de vendas que construiu ao longo de tantos anos. Quando essa chave vira, o resultado começa a aparecer, porque quem faz a diferença em sua vida é você. E quando você decide tomar uma decisão, eu apenas mostro o caminho, mas quem o percorre é você.

Tem uma frase que escuto muito do Conrado Adolpho e da qual gosto muito, que é: "Sucesso é uma decisão!".

DEFINIR O SEU FUNIL DE VENDAS

Como você vai estruturar o seu funil de vendas? A partir de agora, para qualquer produto que vender, entre no raciocínio do funil. Não importa qual é o negócio, você precisa pensar em funil de vendas. Imagine que esteja começando na internet e fez uma página de vendas ou que direciona para a página de vendas.

Se, por exemplo, você investe em tráfego, compra anúncios, coloca esses anúncios para rodar para o público certo, precisa pensar em conversão sobre esse investimento. Se colocar um tráfego direto para a página de vendas, transformar esse acesso em cliente comprador será muito mais difícil do que transformar o acesso em cadastro em uma recompensa digital gratuita. Em geral, converte-se em clientes para a página de vendas o equivalente a 0,01% do anúncio. Isso quer dizer que você pagou anúncio para trazer as pessoas ao seu site e perdeu 99,9%.

Como resolver isso? Antes de vender, eduque o seu cliente e transforme-o em um cadastro, para então se relacionar com ele. Um dos meus mentorandos tem um e-commerce de camisetas de pôquer, por exemplo. Para gerar lista de pessoas interessadas, ele investiu em anúncios e mandou a lista de clientes para uma página que oferecia um e-book sobre pôquer e não divulgou as camisetas em momento nenhum! Divulgando o e-book, a taxa de conversão da página chegou a 50% — ele só convertia em cadastro, porque é mais fácil começar aos poucos do que vender as coisas logo de cara. Assim, converte-se audiência e quem tem audiência tem poder, e autoridade é mais poder ainda. Com o engajamento, isso fica ainda mais rentável, pois educo os clientes, relaciono-me com eles e crio, assim, autoridade.

COMO DEVE SER O SEU FUNIL

O papel do funil de vendas é mover a pessoa de um estado anterior para um posterior, do atual para o desejado. O cliente compra o produto porque o deseja e não quer comprar por si só. Lembre-se do exemplo da furadeira neste capítulo, você não quer só um furo na parede, quer o furo perfeito, porque o furo perfeito significa uma casa mais bonita, um lugar melhor. Por isso, é importante dar dicas de como organizar a casa, como pendurar quadros, como evitar canos na parede na hora de furar etc. Depois que a pessoa baixar a recompensa digital, você oferece a furadeira. Todos os consumidores duvidam de si mesmos. O funil deve dar a elas pequenas vitórias para atraí-las ao processo, proporcionando segurança.

O seu funil pode seguir a seguinte estrutura:

> **Conteúdo > Recompensa digital > Oferta irresistível > Oferta principal > Maximizador de lucros.**

O funil deve ter ao menos três dos elementos citados, não precisa ser tão longo quanto este que acabo de mostrar.

Para alimentar o funil, você deve pensar em um conteúdo que resolva dores e atraia o cliente. Depois, pense em uma recompensa digital. Mais adiante, temos um produto ou oferta irresistível, algo muito mais barato, que vale muito mais do que o preço que você está cobrando. No caso do produto físico, você pode agregar serviços a ele: taxa de entrega, um ano de assistência técnica, consultoria grátis etc. Em diversas ações da Gillette, por exemplo, você ganha um aparelho gratuitamente, mas quando precisa comprar o refil, ele custa mais de 40 reais. O produto irresistível é o aparelho (mais barato e acessível e que cria uma necessidade inegociável nos clientes), e a lâmina é o produto principal.

No meu caso, tenho diversos links do meu conteúdo que redirecionam os clientes para uma recompensa digital e dela para uma oferta irresistível, que leva ao meu produto principal, o curso Negócio Online de Sucesso, o NOS. O maximizador para mim é a mentoria e o *mastermind*.

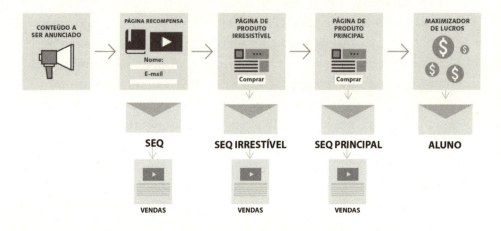

" Você precisa estar ao lado de seus clientes, mostrar como vai ajudar a resolver os problemas deles, indicar aonde eles querem chegar e de que forma isso vai acontecer."

Plano de ação

Vamos agora ao plano de ação. A seguir, você verá o desenho de um funil. De início, é preciso saber quais são os produtos que venderá e depois pensar em como vai encontrar o cliente e encantá-lo. Você vai começar a desenhar o seu funil de vendas nesse momento.

O funil a seguir apresenta quatro etapas. Primeiro você deve decidir com quais etapas vai trabalhar, o que tem a ver com a quantidade de produtos que vai vender. Aconselho, no mínimo, duas etapas, com a recompensa e seu produto principal.

Agora que decidiu, você dará nome ao produto de cada etapa.

Pronto, tudo está ficando mais claro, você já sabe como vai atrair seu cliente e qual produto vender.

Neste momento, liste quais são as principais objeções que seus clientes têm ao comprar o seu produto e os benefícios que seu produto oferece ao usuário. Escolha as três principais objeções e benefícios, os quais serão os assuntos de seus e-mails.

Ainda em relação a seu produto, escreva a grande transformação que ele vai causar na vida das pessoas. Sua comunicação deve ser focada na transformação.

Com essas informações bem definidas fica muito mais fácil iniciar o seu funil de vendas. Então, pegue um papel e desenhe o seu funil de acordo com as suas anotações.

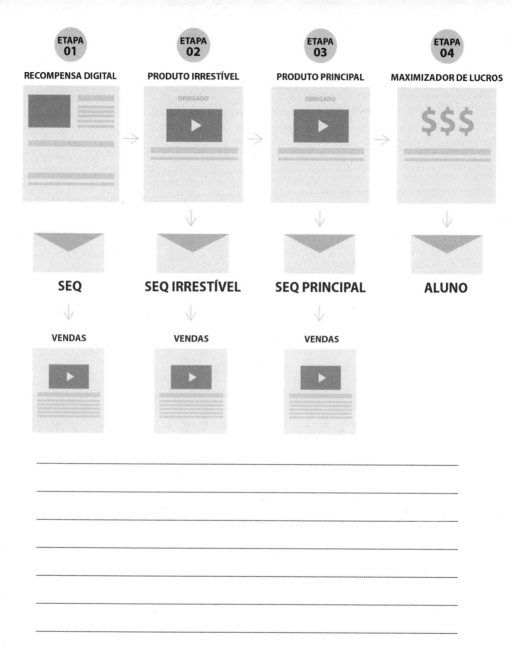

CAPÍTULO 6

Passos para criar um negócio e um estilo de vida independente de mecenas

Eu acredito que criar um negócio é muito mais do que apenas criar um sistema de vendas no qual você tenta vender para o máximo de pessoas possível, com a melhor margem. Você já entendeu que é possível usar o marketing e a internet para iniciar qualquer tipo de negócio e alavancar suas vendas de forma inteligente. No entanto, criar um negócio é também criar um estilo de vida, por isso neste livro (assim como em meus treinamentos) eu me preocupo em ajudá--lo não só a estruturar o negócio, mas a se conhecer um pouco mais para que essa atividade seja a sua vida, tenha a ver com quem você é e aonde quer chegar.

Isso é só porque eu sou um sonhador? Longe disso! Eu insisto no seu propósito de vida, pois já vi um número imenso de negócios darem errado por não terem a ver com quem estava criando esses empreendimentos, por não atenderem ao propósito e não fazer nem parte da essência do proprietário.

Metade das empresas no Brasil fecha as portas com quatro anos de atividade.[1]

Eu creio que isso tem muito a ver com a desconexão dessas empresas com a sua missão, sua visão e seus valores. Em minhas pesquisas, noto que 80% dos alunos não têm esses aspectos definidos.

O método para mim e que passo aos meus alunos é, antes de tudo, definir muito bem a base do negócio. Quando falamos de missão, visão e valores precisamos ter algumas coisas claras, são elas:

AONDE PRETENDE CHEGAR?

Você quer ser um multimilionário e tem medo de assumir isso? Ou quer apenas uma vida sustentável, com um bom fluxo de dinheiro, sem precisar ser rico, mas com muita qualidade de vida? Você pode querer construir um negócio para deixar para os seus filhos, ou ocupar a mente depois de ter se aposentado, gerando mais riqueza do que já tem. Ou talvez seja um estudante que só quer pagar pela faculdade para depois mudar de carreira. Aonde você quer chegar com o seu negócio? Quanto tempo quer que ele dure? Ele vai crescer e se tornar o seu legado, ou é um momento de vida e depois poderá ser vendido a outro empreendedor? Com esse raciocínio, você consegue responder qual é a visão da sua empresa.

DE QUE MANEIRA?

Como você pretende construir esse negócio? Ele é uma loja na qual você precisa estar presente durante o horário comercial e os fins de semana? Ele é um negócio pela internet e você planeja ter

---

1 Disponível em: <http://www1.folha.uol.com.br/mercado/2015/09/1677729-metade-das-empresas-fecha-as-portas-no-brasil-apos-quatro-anos-diz-ibge.shtml>. Acesso em: 29 ago. 2016.

Capítulo 6 | Passos para criar um negócio e um estilo de vida independente de mecenas

de trabalhar apenas quatro horas por dia? Você deseja ter uma consultoria e viajar o mundo? De que maneira, em linhas gerais, esse resultado será atingido?

Então, digamos que você é uma pessoa cujo maior talento é jardinagem, você passa boa parte do seu tempo livre cuidando para que o seu jardim e o dos seus parentes sejam lindos. Você consegue pensar em formas criativas de aproveitar espaços externos, em plantas que sobrevivem na cidade e que além de embelezar transformam o ambiente para que as pessoas se sintam bem ali. Você nunca acreditou que aquilo poderia ser um negócio, porque achou que esse mercado paga muito mal e não valia todo o seu estudo.

No entanto, se sua paixão é jardinagem, e você pretende ter um negócio que possa ser escalável para crescer muito e deixar esse legado, você já tem duas informações sobre o seu negócio. Como você pretende chegar lá? Nosso personagem fictício que ama jardinagem deseja trabalhar meio período e apenas durante a semana, e não quer abandonar o emprego atual enquanto não tiver um bom faturamento com o novo negócio. Então, já sabemos que precisa ser um modelo de negócio altamente escalável, com pouco investimento de tempo na manutenção, e na área de jardinagem. Partindo desse raciocínio você pensa a missão da empresa.

Quero que você faça um exercício para definir isso para si mesmo. Tenha claro qual é o seu propósito de vida e como a sua empresa atende a ele e ao problema dos clientes. Em seguida, defina quais produtos venderá e tenha definido de que forma vai vendê-los e entregá-los, criando comunicações previamente pensadas para todas as etapas da venda. Dessa maneira, você vai encantar seu cliente.

Missão: o propósito, a razão de existir da sua empresa.
Visão: como você quer ser visto? O que quer conquistar?
Valores: suporte ético e moral para executar a missão e chegar à visão.

RECAPITULAÇÃO DO QUE VOCÊ PRECISA PARA CRIAR UM NEGÓCIO DE SUCESSO

Qual é a sua missão? Explicar a sua missão é saber detalhar a razão de sua empresa, por que ela existe, o que ela produz. A missão é o propósito do qual falamos tanto até aqui. Quando você encontra seu nicho de atuação e sabe seu propósito de vida e de trabalho, fica fácil resumir sua missão em uma frase.

Já a visão é conseguir explicar rapidamente aonde você quer chegar. Para descobri-la, faça um exercício de imaginar-se daqui a três anos e olhe para trás. O que falam de você? O que você conquistou? A expressão disso é a sua visão. Os valores são o suporte ético e moral daquilo que você faz. Para executar a missão e chegar à visão, os seus valores precisam ser bem definidos e você deve levá-los em consideração todos os dias no seu negócio: para vender, para gerar conteúdo, para contratar e demitir pessoas de sua equipe. Esteja sempre alinhado com os valores que definiu.

Se você já tem missão, visão e valores claros, é hora de pensar na persona. O que isso significa? Persona é o seu cliente, seu público-alvo. Você precisa conhecer o seu cliente tão bem quanto conhece o seu irmão ou a sua mãe. Sabe aquela pessoa com quem tem intimidade a ponto de pensar "Ah, se eu oferecer para ele uma coisa desse tipo ele vai gostar muito, mas de outro jeito vai ficar bravo"? É isso!

A definição da persona é importante porque não é possível vender para um jovem de 18 anos e para um senhor de 70 com a mesma comunicação. Eles possuem problemas e desejos diferentes. Então é importante definir muito bem como cada um deles está no mundo. Você deve criar um quadro de sua persona com palavras.

Este é um estudo avançado e daria para escrever um livro somente sobre isso. Aprendi muito sobre persona com o Conrado Adolpho, um especialista em marketing. Você deve ver o mundo com os olhos da persona, escutar com seus ouvidos, falar como se ela estivesse falando, saber em qual ambiente ela gostaria de estar, morar, viajar, quais livros ela lê e muito mais. No meu treinamento Negócio Online

Capítulo 6 | Passos para criar um negócio e um estilo de vida independente de mecenas

de Sucesso, abordo um estudo avançado sobre isso e muito mais. Sua comunicação deve ser focada em apenas uma persona. Caso você tenha duas, faça duas comunicações ou foque em uma persona e deixe que a segunda coma pelas beiradas, o que quer dizer, seja atingida por uma comunicação que foi desenhada para a primeira mas que em alguns pontos também fala para a segunda.

Se você conhece o seu cliente mais do que ele mesmo, BINGO, você o conquistou. Mostre que o conhece e pode ajudá-lo.

Agora, depois de muito olhar para dentro, olhe para fora. Estude quais mercados são bons para vender na área em que quer atuar. Quem sofre com aquilo? Quais são os problemas de seus clientes e quais são os sonhos e as frustrações dessas pessoas? Para vender alguma coisa, você precisa contar histórias, conectar-se com o seu público.

Na venda, você deve apontar e agitar o problema, mostrar para o cliente como seria a vida se ele usasse seus produtos ou serviços e também falar como seria caso ele não os usasse. Trata-se de uma viagem mental na cabeça dessa pessoa. Quando você conhece o problema mais do que ela mesma, ela vai inevitavelmente pensar: "Nossa, ele realmente sabe o que eu sinto". Sempre brinco que esse é o momento do BINGO. Cliente conquistado e venda realizada!

Você também precisa conhecer as objeções do cliente diante do produto. **Vender é matar objeções** e seu discurso de vendas deve passar pelas principais objeções de seus clientes. Você deve listar todas elas e preparar as respostas a cada uma, isso tem de ser incorporado por você e todos os vendedores do seu negócio.

Quem precisa das respostas que você pode oferecer? Voltando ao caso do aficionado em jardinagem, ele percebe que existe um grande público como ele, que tem a jardinagem como hobby, mas quase nenhum treinamento. Então decide criar um curso de paisagismo para pessoas que vivem em ambientes pequenos, e que podem oferecer esse serviço para alguém, caso o hobbie vá mais além. Você pode estar se perguntando: "Por que ele não pode apenas se tornar jardineiro, Bruno?". Porque isso não casaria com "Aonde você quer chegar" nem com "Como você quer chegar". Para ser jardineiro, ele teria de vender horas de trabalho, e precisaria de muitas horas para se sustentar, sem a possibilidade de escala e teria de abandonar o emprego atual.

Digamos que ele mudasse apenas a última decisão e quisesse largar o emprego em que está. Ele poderia negociar um acordo de demissão ou um empréstimo, e daí a melhor decisão seria produzir conteúdo sobre jardinagem, mas usar esse conteúdo e essa estratégia de marketing para abrir um negócio de franquias: treinando outros jardineiros e oferecendo um sistema de agendamento de serviços a ótimo preço para pessoas que moram na cidade onde ele está.

Entendeu por que o produto é menos importante que o modelo de negócio? Primeiro você precisa saber o que lhe faz feliz, de que forma quer trabalhar, e qual será a cara do sucesso quando o tiver atingido. Depois disso, o produto "se mostra" para você atendendo às necessidades do negócio e do público para o qual você quer vender.

Depois que puder responder a essas perguntas, será o momento de encontrar o mercado no qual quer trabalhar e montar a estrutura do seu modelo de negócios.

Por último, dentro da base da sua empresa, está o posicionamento. O posicionamento é a expressão de como você quer ser visto. Simplifique isso em poucas palavras. É muito importante. Se alguém falar de você, como deve falar?

Como exemplo, vou deixar aqui a minha própria missão, minha visão e meus valores, para que você veja como se faz. Repare que isso não é um texto de cinco páginas, é algo curtinho.

- Missão: inspirar e transformar a vida de profissionais autônomos, liberais e pequenas empresas, por meio do conhecimento e boas práticas do marketing digital e empreendedorismo, sempre com conteúdo inovador e simples de ser aplicado, com foco em resultados.
- Visão: estar entre as 100 pessoas mais influentes do Brasil.
- Valores: agilidade, flexibilidade, ética e respeito aos meus alunos empreendedores, foco em resultado.

- Posicionamento: é possível construir negócio on-line e ter a sua liberdade.

Você já decidiu em que nicho atuar e o tipo de negócio que quer ter, agora precisa ter a clareza de que você e seu negócio são a mesma marca. Você vai precisar construir sua presença e sua autoridade para seus clientes. Construa conhecimento sobre o seu nicho e principalmente conheça a sua persona, entenda as suas dores e a partir delas ofereça conteúdo.

A ESTRATÉGIA PERFEITA

Muita gente me pergunta qual estratégia utilizar para conquistar mais clientes. Em primeiro lugar, você deve entender a estratégia macro do seu negócio para depois pensar em microestratégias. Você deve ter a consciência de que é único, você tem suas histórias, experiências e todo o conhecimento adquirido durante a vida, seja ela pessoal, profissional, amorosa.

Agora uma pergunta: Como vamos aproveitar tudo isso para vender mais?

Você precisa imaginar que existe, de um lado, você e, do outro, seu consumidor, que tem desejos, necessidades e dores. Dores são os problemas, é por meio delas que você deve conectar seu produto ao cliente. O que acontece com a sua persona quando ela põe a cabeça no travesseiro? A sua estratégia deve solucionar as dúvidas sobre você e o produto que está oferecendo para resolver esse problema. Você precisa entender o processo pelo qual o seu cliente vai passar para comprar o seu produto, conhecê-lo de maneira íntima, e então as ferramentas são um mundo à parte — por isso peço que não se preocupe com elas, pois sempre mudam e são atualizadas.

Existe o ambiente interno que é você, seu produto ou sua empresa, e do outro lado há o ambiente externo, onde estão seus clientes e concorrentes. A estratégia perfeita consiste em unir esses dois mundos, cliente e empresa, por meio de uma oferta irresistível com base nas dores do seu cliente.

VOCÊ PRECISA TER UM SITE COM UM BLOG

Quem não é visto não é lembrado. Todo dia você precisa ser visto — mas comece com a semana. E você precisa ser tanto visto como lembrado para garantir o sucesso de seu negócio. Não importa qual seja, "pelo amor de deus", tenha um site e um blog. De preferência um site com um blog acoplado a ele. Todos os dias você pode atualizar o blog apresentando posts novos e as pessoas voltarão para ler seus textos. Isso faz seu negócio acontecer. Ter páginas de venda, ter anúncios, construir a estrutura com base em sua missão, em sua visão, em seu funil de vendas. Você constrói audiência, autoridade e engajamento com conteúdo.

Como você pode produzir bons conteúdos para gerar audiência, autoridade e engajamento? Escreva artigos ou faça vídeos com títulos com as palavras "Como", "Por quê", "Os segredos de ____" — ou seja, você vai dar respostas para as questões do seu cliente! Junte isso a entrevistas com especialistas, pesquisas, infográficos, e produza muito conteúdo. Onde seu público estiver, seu conteúdo deve estar.

Quando você resolve o problema do cliente, torna-se autoridade para ele, ativando o gatilho mental da reciprocidade, pois você lhe deu algo e ele se sente na obrigação de lhe devolver algo, seja comprando seu produto, seja indicando para os amigos. Quem utiliza muito esse gatilho são os supermercados e as lojas quando lhe dão uma amostra grátis de determinado produto, o qual, depois de experimentar, você compra.

Esse conteúdo e o seu funil de vendas on-line servem para construir sua lista e engajar seu público com você. Para construir seu conteúdo, principalmente de vendas, use gatilhos mentais, que são ferramentas poderosas, as quais, se dominadas, aumentam seus resultados. O que é isso? Sempre que estiver produzindo algum texto, com o qual deseja prender a atenção das pessoas e levá-las a alguma ação, você deve utilizar

Capítulo 6 | Passos para criar um negócio e um estilo de vida independente de mecenas

os gatilhos, seja em um e-mail marketing, vídeo, carta de vendas, seja em um site. Os gatilhos são praticamente armas nas mãos de pessoas erradas, portanto você deve utilizá-los para o bem e não em benefício próprio.

Segundo Roberto Cialdinni, do livro *As armas da persuasão*,[2] os gatilhos mentais são "a habilidade de trazer pessoas para o nosso lado, mudando apenas a maneira como apresentamos nossos argumentos". Se você deseja saber mais sobre gatilhos mentais, gravei uma aula com os 30 principais gatilhos para usar no dia a dia. Escolha um, aplique e compartilhe seu resultado com a *hashtag* #livroempreendasemfronteiras. Acesse agora e me dê um "oi".[3]

Entenda e pesquise sobre a técnica do copywriting, que é a arte de produzir textos de vendas. Esse é um dos segredos do meu resultado, que mudou meus negócios. Eu utilizo copy para tudo hoje em dia, não somente em discurso de vendas, mas para produzir artigos e posts, que são parte do processo de construção de autoridade.

Muita gente pensa que é difícil iniciar uma estratégia de marketing, que parece impossível estabelecer uma comunicação com foco em relacionamento com a lista, e em geral estuda muitas estratégias de negócios, mas não sai do lugar. Você sabe como deixar bom algo péssimo? FAZENDO! Grave o primeiro vídeo, fale pela primeira vez, escreva o primeiro post, somente fazendo você poderá saber se terá resultados ou não. Mande seu primeiro e-mail! Inicie, pois só a ação e seu resultado podem dizer se você está indo para o caminho certo.

Além do vídeo que disponibilizei, segue uma lista dos principais gatilhos mentais que você pode utilizar:

- História: as pessoas amam histórias e amam saber sobre a vida dos outros. Comece algum dos vídeos ou artigos com histórias de sua vida, pois vai prender a atenção do cliente e criar relacionamento.

---

2   CIALDINNI, R. *As armas da persuasão*. Rio de Janeiro: Sextante, 2012.
3   Disponível em: <www.brunopinheiro.me/gatilhos-mentais>. Acesso em: 29 ago. 2016.

- Autoridade: é algo que nos dá confiança de investir nosso tempo e nossa atenção sobre algo. Na escola, você aceita a autoridade do professor, no dentista, aceita a autoridade dele. Tente mostrar que você é autoridade no assunto.
- Por quê: quando você fala de "porquês" as pessoas ficam mais aptas a prestar atenção. Você dá motivos e explicações e isso prende o público. Mesmo histórias que não são empolgantes podem ganhar atenção com o porquê.
- Escassez: as pessoas querem e pagam mais por tudo que vai acabar. Abra ofertas só por sete dias, por exemplo, e deixe claro para o cliente que é uma oportunidade única e terá limites. O brasileiro sempre deixa tudo para a última hora e, se não tiver escassez, ele deixa para amanhã e nunca compra.
- Comunidade: é natural de nossa civilização agir como as outras pessoas agem, então mostrar que tem mais gente da comunidade interessada no mesmo que seu cliente serve muito para ele. Você pode até criar comunidades on-line nas redes sociais para postar conteúdo e ser o moderador, o que gera muito poder de persuasão.
- Prova social: as pessoas querem saber como os outros fazem e no que os outros pensam antes de tomar atitudes. Uma prova disso é a popularidade dos sites de resenhas de serviços e restaurantes. Todos nós hoje procuramos a opinião dos outros antes de comprar algo. Você pode incluir depoimentos sobre seu produto. Uma página com muitos seguidores é uma ótima prova social da popularidade de seu negócio. E você pode pagar para ter curtidas e seguidores. A maioria das empresas faz isso, impulsionando pelo Facebook, por exemplo.
- Antecipação: um dos gatilhos mais poderosos, deixar uma dúvida, ou avisar que aquilo ainda não existe no mercado, deixa as pessoas ansiosas e garante a atenção.
- Evento: no evento, você se conecta com outras pessoas, e todo mundo adora participar de atividades assim, nem que seja apenas para interagir e gerar networking. Pense no poder das

instituições religiosas, tudo isso é a força dos eventos. Crie um evento de seu nicho.
- Reciprocidade: o que você pode oferecer de graça para o seu cliente? Dar presentes e amostras grátis é uma técnica que coloca o cliente na obrigação de retribuir. Você pode oferecer amostras e conteúdos.
- Comprometimento e consistência: gerar compromissos simples, perguntar se o cliente está mesmo comprometido com aquela mudança de vida. Tente fazê-lo assumir de alguma forma que se compromete com aquilo.
- Prova: procure sempre demonstrar que o que você está falando é verdade com depoimentos, testemunhos, elogios, resultados.
- Interação: conversa. É normal o ser humano gostar mais de falar do que de ouvir. Se você abrir um canal de interação, dê espaço para que seu cliente fale muito, e interaja com ele.
- Carisma: as pessoas costumam comprar aquilo com que se identificam; nesse caso, o carisma pode abrir qualquer porta.
- Credibilidade: depoimentos que comprovem sua autoridade, o reconhecimento de pares e de outras autoridades no assunto.
- Surpresa: surpreenda as pessoas com o que elas não esperam, dê mais do que esperado.
- Celebridade: mostre-se interessante, seja visto como diferente. É mais fácil do que você imagina.
- Polêmica: isso prende a atenção das pessoas, porque a humanidade é muito curiosa!
- Emoção: mostre quanto seu público vai conseguir mudar de vida e se sentir melhor. O emocional conversa com as nossas decisões.
- Segurança: passe segurança no que está vendendo, dê garantias de devolução do dinheiro, por exemplo.
- Repetição: como você faz para aprender algo novo? Repete muito! Ao repetir, as pessoas gravam seu produto, por isso existe um mercado de jingles só para repetir o nome dos produtos milhares de vezes.

- Fatos de terceiros: mostrar que você não está inventando, com pesquisas e outras comprovações além da sua empresa, gera confiança.
- Crenças: compartilhe das crenças e dos valores do seu cliente, agora que você já conhece a persona, suas dores e sonhos.
- Intimidade: procure estar próximo.
- Multicanal: esteja em diferentes lugares.
- Exclusividade: todo mundo adora se sentir vip.
- Precisão: quanto mais seguro você está, mais segura parece a sua informação. Se você vende bolos e alguém pergunta quantos sabores você tem, não diga "Temos mais de 10", diga exatamente "Temos 14 sabores". Seja específico e demonstre certeza.
- Urgência: incentive que aquela escassez que você mencionou também é urgente. Mostre que a oferta está acabando, fale sobre a necessidade urgente de seu cliente de mudar de vida. Use sempre escassez e urgência.

Você pode ter um produto off-line e usar esses métodos. Por exemplo, se for dono de um bar, pode usar gatilhos mentais em diversas redes sociais. As pessoas que vão a um bar não querem um produto pelo produto, por exemplo, elas não querem apenas as bebidas, porque você pode comprá-las e ter tudo em casa. O bar é o encontro, é a socialização, é o desejo de estar no meio de outras pessoas, de ver e ser visto. Então, você pode oferecer conteúdos sobre o bar, mas principalmente conteúdos sobre relacionamentos interpessoais, como "Como abordar uma desconhecida que você quer conhecer melhor", ou até como planejar o evento perfeito.

Quem tem uma loja virtual também pode educar o cliente para o seu produto. Você pode criar produtos digitais para educar o seu cliente sobre funcionalidades do seu produto. Uma loja que ficou muito famosa por isso é a Zappos. Nela, o cliente encontra vídeos de praticamente todos os produtos, mostrando como eles são. O que eles fazem é tão simples que é como se fosse possível ver os tênis que o cliente vai comprar com os próprios olhos.

Capítulo 6 | Passos para criar um negócio e um estilo de vida independente de mecenas

Com conteúdo sobre o seu produto, você consegue despertar curiosidade nas pessoas, transformando sua loja em uma verdadeira máquina de vendas, transformando não só o desejo de ter seus produtos, mas até de virar um franqueado da sua loja, abrindo possibilidades que você não imaginava. É o caso de Marcelo Ostia, dono da franqueadora Camisetas da Hora.

Você pode educar o seu cliente mostrando como é o seu produto, como ele funciona, como tirar o melhor proveito dele, e como o seu produto pode transformar a vida de quem vai comprá-lo — e ainda usar os gatilhos mentais para que essa comunicação se torne irresistível. Você pode mostrar como o produto ou serviço que você oferece vai fazer a vida do cliente se tornar mais fácil. Faça a diferença no seu mercado, e você será reconhecido e recompensado por isso.

As pessoas estão desesperadas por alguém que consiga ser simples e diferente do que elas estão acostumadas. Não importa em qual mercado atua ou que tipo de produto vende, na internet você vai encontrar exatamente a pessoa que está precisando do que você tem para oferecer. Não importa se não tem a mínima intimidade com tecnologia, quando você sabe o quer, tudo fica mais fácil.

Já me perguntaram também se é possível vender imóveis usando as estratégias on-line que transmito aqui. Mas é claro que sim! Se o seu público são pessoas que desejam comprar imóvel para investir ou para morar, então você poderá se comunicar com ele. Imagine que quer vender um imóvel na Zona Sul de São Paulo. Você pode criar um minicurso em vídeo ou um e-book sobre "Como comprar o imóvel comercial perfeito na Zona Sul de São Paulo" e anunciar isso. As pessoas interessadas em imóveis comerciais nessa região baixariam esse conteúdo e você já conseguiria segmentar a lista. Depois, quando alguém baixar o arquivo ou assistir ao vídeo, ofereceria um treinamento. O que teria nesse treinamento? "Tudo o que você precisa saber para comprar um imóvel com segurança." Com isso seria possível segmentar ainda mais as pessoas da lista e o cliente poderia tirar dúvidas sobre contratos, como escolher o melhor corretor, como escolher um financiamento, tudo em que precisa prestar atenção. Assim, você constrói autoridade, e depois seus clientes vão querer comprar de você, não importa qual imóvel seja. Eles entrarão em contato com você para que encontre o imóvel perfeito, porque agora você é a autoridade.

E se você for professor? Por exemplo, um professor de Matemática pode dar certo vendendo sua habilidade? Tudo pode ser vendido, principalmente se você tiver um funil de vendas on-line. Um exemplo é o da Khan Academy. A empresa não é tão conhecida, mas é uma escola de Matemática on-line da qual até Bill Gates já foi garoto propaganda. Não sei se você conhece a Khan Academy, mas ela fala diretamente ao problema da maioria dos estudantes. Qual é a matéria da qual grande parte dos alunos reclama na escola? Se você conseguir resolver para eles o problema de passar em Matemática, ensinar de forma clara e cativar os alunos, terá uma verdadeira legião de fãs para suas aulas.

Quando entender o poder de compartilhar seus conhecimentos e suas experiências, você passará a ser remunerado pelo seu valor e não pelas suas horas de trabalho. Parece absurdo, mas é a realidade. Eu sei que é um pouco difícil falar de valor monetário, mas tentarei aqui usar um exemplo de valor *versus* tempo. Pense, por exemplo, na bagagem de um advogado que já atua no ramo há mais de 30 anos e que por sua experiência já tem centenas ou milhares de processos. A bagagem dele é muito grande e pode ser usada de diversas formas. Primeiro, mostrando que é uma autoridade no assunto e usando isso como um modo de educar novos clientes, de modo que, como uma espécie de filtro, no final fique apenas quem deseja aprender.

Quanto valeria para um profissional que está começando ter a oportunidade de ouvir outro profissional bem-sucedido na área dar dicas e mostrar o que funciona e o que não funciona? Será que mil reais por hora estaria bem pago? Para alguns pode ser muito dinheiro, mas para quem precisa de atalhos e não pode cair em erros é apenas uma oportunidade única. O que você precisa já está dentro de você, o problema é que você não sabe usar. Você já tem uma baita caixa de ferramentas em seu cérebro, porém não tem o manual de como usá--las. Está tudo aí, mas você ainda não sabe como extrair o melhor de você. É como estar numa mina de ouro, mas ainda não ter a picareta que serve para extrair o ouro das paredes. E por não ter a ferramenta certa, você tenta fazer aquilo com a força das mãos e é por isso que se sente tão cansado. O que vou lhe dar são as ferramentas de que precisa. Eu não vou lhe ensinar o que você já sabe, mas lhe mostrar como usar aquilo que você levou décadas para aprender.

Estou revelando que a internet é um campo sem limites e nela existem infinitas possibilidades. Todos nós temos diferentes experiências, talentos, aptidões e recursos, e eu também sei que com a instrução e o método certo você começa a se desenvolver e a ser muito bem remunerado. Começar é fácil.

Você pode fazer isso também, ser remunerado pelo valor que você gera para os seus clientes, e não pelas suas horas. Você pode até se perguntar: "Como uma pessoa pagaria uma quantia por uma hora do meu tempo ou do meu conhecimento aplicado a alguma solução para ela?" É simples, não se trata da quantidade de tempo, mas da diferença que você pode causar. Se alguém lhe fornece ideias, informações e conexões que podem transformar a sua vida, você não liga nem para tempo nem para investimento, só vai querer saber dos resultados. Quando você descobre quanto vale sua hora e o impacto que a sua informação causa, então saberá precificar o produto da maneira certa. Se vender um produto físico com um produto digital agregado, você ainda amplia a sua margem de lucro.

ABRA A SUA CABEÇA[4]

Não se preocupe agora com ferramentas, como disse, essa é a parte operacional do seu negócio, e se torna muito mais simples quando você sabe qual processo precisa seguir. Já ensinei quase 6.000 alunos em diversas posições hierárquicas e com empresas de diversos tipos para mostrar como a tecnologia pode ser simples. O seu foco agora é aprender a se tornar uma autoridade na área e a empacotar seu

---

4 Tenho uma história muito boa sobre abrir a cabeça, veja meu vídeo com os tubarões no YouTube: <www.brunopinheiro.me/abrasuamente>. Acesso em: 29 ago. 2016.

conhecimento, mesmo que você trabalhe com produtos físicos, venda de imóveis, marketing de rede, multinível, prestação de serviços, atendimento em clínicas, consultórios ou empresas.

Você pode usar seu conhecimento para educar o cliente. Eu acredito que, se você leu os capítulos anteriores, já sabe que o seu conhecimento educará o seu cliente, para que ele entenda mais sobre seu produto e entre em processo de educação. Quando isso acontece, algumas barreiras na mente dele em relação ao seu produto são quebradas.

As barreiras são as chamadas objeções. As pessoas gostam de comprar, mas ninguém gosta que algo lhe seja vendido. Você já faz isso todos os dias, um cliente por vez, e chegou a hora de fazer esse processo em massa e fazer o cliente chegar pronto. Se tiver venda on-line, que já chegue passando o cartão e se torne cliente.

Vender é a arte de quebrar objeções, que são as barreiras da mente do cliente, que precisa ser educado e conquistado. Dessa forma, ele vai querer comprar e você não precisa vender, é aí que mora a diferença. Neste método que estamos estudando, você se tornará extremamente diferente e será muito bem remunerado sobre o tema que escolher. Na hora em que colocar isso em ação, será como se houvesse encontrado o bilhete premiado de sua vida. Porque as pessoas vão querer acompanhá-lo, saber cada novidade sua e daquele produto, e financiarão para que você traga essas novidades.

"Se você conhece o seu cliente mais do que ele mesmo, BINGO, você o conquistou. Mostre que o conhece e pode ajudá-lo."

Plano de ação

Primeiro, você vai definir a base da sua empresa, de acordo com estes itens:

Missão: o propósito, a razão de existir da sua empresa.

Visão: como você quer ser visto? O que quer conquistar?

Valores: suporte ético e moral para executar a missão e chegar à visão.

Posicionamento: como você quer ser visto no mercado.

Com a base definida, é hora de pensar no cliente, ou persona, como chamamos. Quais são as principais perguntas que seus clientes fazem no processo de compra? Quais são os problemas que seu produto ou serviço resolve? Quais são os sonhos e necessidades do seu cliente?

Liste aqui:
Meu cliente é uma pessoa que precisa de

_____
_____
_____
_____
_____

e sonha com

_____
_____
_____
_____

O maior medo do meu cliente é

_____
_____
_____
_____

e eu posso ajudá-lo com

_____
_____
_____
_____
_____

CAPÍTULO 7

Acompanhe seus resultados e não tenha medo de mudar de direção

Quando eu gerenciava o grupo de empresas com mais de 150 escolas, sempre escutava do CEO da empresa que quem constrói uma escola, constrói 100 e, na época, ele tinha 150 escolas e faturava 120 milhões de reais por ano. Quando eu iniciei meus negócios on-line, sempre tive essa frase em mente e a repito aos meus alunos: "Quem vende 1, vende 100, vende 1.000". Meus alunos fixaram essa frase e sempre a repetem quando estão começando suas vendas, como na imagem da página 121, postada em um dos grupos do curso Negócio Online de Sucesso, ou NOS, como o chamamos internamente.

COMO ESCALAR O SEU NEGÓCIO

Quando você estiver com seu funil de vendas pronto, que deve conter no mínimo uma página de captura e uma página de vendas ou lançamentos, poderá começar a investir em tráfego. Sempre aconselho, antes, a ver onde seu público está, mas geralmente ele está no Google ou no Facebook. Sugiro que comece com anúncios no

Facebook para geração de *leads* e entrada de funil e, assim que você dominar o Facebook, parta para outras mídias.

Independentemente de se será você ou outra pessoa que vai operar o seu negócio, uma coisa que você precisa ter em mente e em mãos são todas as métricas de seus negócios, pois são elas que lhe darão segurança para escalá-lo.

Quando você anuncia, existem dois mundos e dois tipos de métricas: as métricas do seu anúncio e as métricas da sua página, e elas devem ser analisadas para melhorar o seu investimento. Mas, calma, você entenderá isso melhor mais adiante.

Quando você anuncia no Facebook, ele avalia seu anúncio de acordo com os próprios resultados, o que implica no custo final da venda. Se você fizer um anúncio com uma excelente imagem, um excelente copy (texto que vende), uma excelente chamada para ação e for direcionando para o público certo, ele terá uma excelente taxa de cliques ou CTR, como as ferramentas o chamam, que é o número de cliques, dividido pelo número de visualizações. Ou seja, se o seu anúncio for bom e entregue ao público certo, menos pessoas terão de vê-lo para clicar e isso quer dizer que você está entregando a mensagem certa para a pessoa certa e seu CTR será alto. Facebook e Google prezam pela experiência do usuário na plataforma deles e, se você tiver um CTR bom, pagará menos pela venda.

Antes de começar uma campanha, você deve definir qual será a sua métrica, se serão cliques, cadastros, vendas ou visualizações, e analisá-la na sua conta de anúncios.

Quando a pessoa clica no anúncio, ela geralmente sai do Facebook e vai para o seu site, em uma página de captura, com apenas uma saída, que deve ser o cadastro ou venda. Você deve analisar a taxa de conversão dessa página. Isso é muito importante, pois, se você melhora a sua taxa de conversão, gasta menos para fazer uma venda. Taxa de conversão de uma página de captura é o número de cadastros ou vendas dividido pelo número de acessos. Se você teve 100 acessos e 58 cadastros, sua página tem uma taxa de conversão em cadastros de

Capítulo 7 | Acompanhe seus resultados e não tenha medo de mudar de direção

58%. Eu considero a partir de 30% uma taxa de conversão de página de cadastro boa, e a partir de 50%, excelente.

Outra métrica muito importante é o ROI, ou retorno sobre o investimento. Com ele, você saberá qual é seu retorno para cada real investido.

$$ROI = \frac{(Receita - Custo\ dos\ bens\ vendidos)}{Custo\ dos\ bens\ vendidos}$$

Trabalhe para ter um ROI positivo. Já vi casos na internet de ROI de 10x. Na minha primeira campanha, tive um ROI de 43. Quando encontramos ROI alto, investimos e escalamos.

Se você encontrar um ROI de 2, já está muito bom, pois quer dizer que para cada 1 real investido, há 2 reais de retorno.

Que aplicação financeira lhe dá esse retorno?

Como tudo na vida, pode haver alguns fatores que influenciam o ROI, mas, se você está com um ROI positivo que persista por mais de três semanas, não tenha medo de escalar. Há meses em que chego a investir 300 mil reais em tráfego no meu negócio. Faço isso pois sei o retorno que terei.

AUTOMAÇÃO: O SEGREDO DA ESCALA

Automação é o grande segredo de negócios digitais de toda ordem, porque é aqui que a magia acontece, é com ela que você ganha seus primeiros clientes. Automação é quando você tem uma ferramenta que gerencia o fluxo de usuários do seu site, segmentando-os de acordo com o comportamento deles em relação à sua oferta. É a automação que possibilita que todas as etapas do seu funil se unam e conversem de forma inteligente. Você faz o funil funcionar segmentado e inteligente sem precisar fazer isso cliente por cliente.

Automatizar é entregar a mensagem, e existe uma inteligência muito grande por trás de automatizar o funil de vendas. Imagine que você faz uma grande campanha e consegue uma lista de e-mails de mil pessoas. Vai mandar um e-mail individual para cada uma? Não, pois, além de ser muito trabalhoso, a chance de erro é grande. Por isso, sempre recomendo que você escolha uma ferramenta de automação para o seu negócio.

Os benefícios da automação incluem:

- eliminar trabalho manual;
- falar com milhares de pessoas como se falasse com cada uma individualmente;
- escalar a sua mensagem;
- pensar em todas as etapas de venda;
- segmentar a sua mensagem;
- entregar a mensagem sem falhas;
- automatizar o seu funil de vendas;
- ter informação estatística sobre o sucesso ou fracasso das ofertas sobre sua audiência.

Com a automação, você segmenta a lista. Por exemplo, se entrarem no seu funil 10 mil novos cadastros, com a automação, você consegue filtrar e definir os 100 ou 1.000 possíveis compradores. E os outros que não estão nessa seleção? Você trabalha ao longo do tempo para transformá-los em possíveis compradores. Eles são direcionados para outra sequência de conteúdos! Assim, é possível fazer ofertas bem pensadas, na medida para os clientes. A automação faz tudo isso e de quebra ainda reduz seus custos de aquisição de clientes.

Afinal, nem todo mundo está pronto para comprar logo de cara, mas, ao gerar tráfego e automatizar a lista de contatos, você prepara e educa o cliente e mostra a ele suas próprias necessidades e que você pode resolvê-las. Se a pessoa entra na sua lista e faz um download de e-book que você ofereceu, por exemplo, você programa a automação para respondê-la de certo modo, encaminhando-a para um primeiro produto barato? Quem aceita os produtos baratos pode ser encaminhado ao seu time de vendas para um atendimento mais pessoal, para receber uma ligação, por exemplo.

Existem algumas ferramentas de automação completas e do tipo "faça você mesmo", simples de usar. Com elas, você tem modelos prontos de páginas e muda apenas o texto e a imagem. Veja a seguir algumas ferramentas desses programas de automação:

- páginas de captura;
- autorresponder;
- software de *webinars*;
- sistema de pagamento;
- servidor para hospedar arquivos que serão entregues aos clientes.

Como funciona a automação na prática? A primeira coisa é pensar em um autorresponder. Autorresponder é diferente de e-mail marketing, trata-se de um software de automação de marketing que terá o sistema para que você crie uma campanha. Se você cria um e-book, já avisa o autorresponder: "criar campanha de cadastros do e-book". Depois de criar a campanha, você precisa criar um formulário. Ele vai se comunicar com seu site através de um formulário no qual seu cliente coloca os próprios dados. É possível colocar os dados que quiser, porém sugiro que, quanto menos dados, maiores os resultados, porque é mais fácil para as pessoas se cadastrarem.

Nesse momento, será que você precisa descobrir a cidade e o estado das pessoas da lista? Não seria em outro? Agora, peça apenas nome e e-mail, se for ligar para todos, pode pedir o telefone, mas aconselho pegar essa informação na venda. Depois que o cliente fornece os dados de cadastro, você insere uma página de "obrigado". Tudo isso é parte da campanha que seu autorresponder vai criar. Cada ferramenta de autorresponder dá um nome diferente para isso (como campanha, máquina etc.), mas, como disse, não quero me ater a ferramentas que de um dia para o outro podem mudar. O importante é que você entenda o sistema de autorresponder e como ele possibilita o processo de automação em seu negócio. Depois disso, é só pesquisar qual ferramenta é melhor para o seu bolso e sua estratégia.

Primeiro, você deve ter claro o que vai fazer, depois entender que um autorresponder é composto de um formulário de captura de dados, uma página de "obrigado" que vai nesse formulário e uma sequência de e-mails que você programa para quando a pessoa se cadastrar. Alguns autorresponder se integram com um sistema de pagamento e, quando alguém faz uma compra, geram um boleto, ou quando ocorre algum problema de pagamento, já existe uma sequência pronta para cada tipo de ação, aumentando os seus resultados. Ele envia e-mails automaticamente, como se você estivesse enviando um a um. Facilita ou não o seu trabalho?

COMO MONTAR UMA ESTRUTURA: PLANEJE O MÍNIMO POSSÍVEL E NÃO O MÁXIMO NECESSÁRIO

A frase "Planeje o mínimo possível e não o máximo necessário" veio do livro *A arte da Guerra*, de Sun Tzu. Você precisa planejar, mas não tanto que isso congele as suas ações. Planeje o suficiente para continuar com o negócio e poder medir como ele vai. Na vida de qualquer empresário, planejamento de projetos é essencial. Não dá para viver no caos, tanto para quem trabalha sozinho como para quem tem equipe. O meu conselho é que você planeje na forma de mapa mental.

Não adianta nada ter um projeto sem fazer a sua gestão. Qualquer projeto passa por quatro bases:

A. Pessoas: quem vai trabalhar nele, se tem a capacidade técnica e psicológica para tocar o que você precisa que seja feito. Pensar nas pessoas é importante, porque o mundo é feito delas e tanto você como sua equipe precisam ter um relacionamento perfeito com o seu negócio e com as dinâmicas dele.

B. Projeto: você já começou a planejar seu projeto com a base do seu negócio, agora chegou a hora de estruturar o projeto para ser executado com maestria, organize todas as tarefas a serem executadas e tenha um projeto consistente.

C. Processos: ciente de aonde quer chegar e quem quer atingir, você precisa transformar o seu objetivo em uma lista de tarefas. Qualquer projeto, por maior que seja, pode ser quebrado em uma lista de tarefas menores até ser finalizado. Separe suas tarefas em a fazer, em andamento e concluídas.

D. Ferramentas: servem para que você faça a estrutura de seu negócio e para gerenciar seus projetos. Hoje, tenho muitas ferramentas on-line gratuitas para controlar o fluxo das tarefas e o que eu mais gosto das ferramentas digitais é que você pode incluir a sua equipe nelas para visualizar e atualizar as etapas do projeto. As ferramentas sempre mudam, como já afirmei algumas vezes. Sugiro, por ora, que você use mapas mentais. Hoje, o mundo é farto de ferramentas. Escolha aquelas que achar melhor para poder acompanhar as tarefas a serem feitas e aquelas que já estão concluídas. Crie mapas mentais e tarefas que podem ser compartilhadas com o seu cliente.[1]

Quando você faz o mapa mental do que precisa fazer, isso gera tarefas. Então, crie quatro planilhas:

> Tarefas > A fazer > Em andamento > Concluídas

Por exemplo, se você pensou em um lançamento de produto, como um curso on-line, precisa criar uma página do Hangout para oferecer efetivamente o curso, criar página de "obrigado" e gerar audiência para chegar no dia do Hangout. Para isso tudo, existem tarefas menores que precisam ser cumpridas.[2] Quando se sentir perdido, vá até o local onde organizou as tarefas a fazer, pegue uma delas e a conclua; você terá um alívio imenso. Anote os passos do que precisa ser feito para ter uma visão geral do seu negócio e do status dos processos naquele momento.

---

[1] Enquanto escrevo este livro, existem ferramentas ótimas que você pode experimentar gratuitamente, como o Trello (<www.trello.com>), que gerencia tarefas, e o Google Drive (<drive.google.com>), que armazena seus documentos na nuvem e possibilita que você os compartilhe com outras pessoas e até os edite simultaneamente.

[2] Para organizar esse processo, sugiro usar o Trello ou similar.

Existe um segredo extra sobre gerenciamento de projetos, algo que eu aprendi na prática e quero que você saiba. Gerenciar projetos é mais do que ter uma lista de tarefas a fazer e cumpri-las. Gerenciar o projeto também ajuda o seu psicológico a continuar motivado com pequenas vitórias que você registra ao terminar cada tarefa. Sabe aquele momento em que você pensa em desistir? Os fracos, em geral, desistem. Contudo, os empreendedores abaixam a cabeça, e isso acontece comigo o tempo todo. Às vezes, como qualquer pessoa, tenho vontade de jogar tudo para cima. Abaixe a cabeça, olhe para a sua meta, abra o quadro de tarefas a fazer e, em vez de pensar: "Será que eu vou conseguir?", levante a cabeça e pense: "O que eu preciso fazer para conseguir?". Mude a sua mentalidade e a pergunta que você faz ao cérebro, olhe para seu mapa mental e lembre por que você está ali, e depois olhe para as suas tarefas e faça pelo menos uma. Mude o seu diálogo mental para:

O que eu preciso fazer para chegar à minha meta?

Vá ao seu projeto e veja "qual é a próxima tarefa que posso fazer". Ao mover de "a fazer" para "concluída", você tem um alívio muito grande. Empreendedores de sucesso não veem barreiras. Eles veem apenas etapas a serem cumpridas para chegar ao seu destino. A cada passo, mais próximo do destino e de seus sonhos você estará. A mudança de mentalidade na vida de empreendedor é algo imprescindível, e se tem algo que aprendi ao longo dos anos é que quem dita nossos resultados é a nossa cabeça e, por isso, só conseguimos alcançar o tamanho do sucesso que ela pode imaginar.

Segundo o livro de T. Harv Eker, *Os segredos da mente milionária*,[3] para mudar seus resultados, você deve mudar seus pensamentos. Para explicar melhor, ele passa a seguinte fórmula:

---

3 EKER, T. H. *Os segredos da mente milionária*. Rio de Janeiro: Sextante, 2006.

Capítulo 7 | Acompanhe seus resultados e não tenha medo de mudar de direção

| PENSAMENTO > COMPORTAMENTOS > AÇÕES = RESULTADOS |

Pensamentos mudam comportamentos, que geram ações e consequentemente criam resultados.

Então, tenha em mente que durante todo o processo de organização e estruturação de seus projetos existirão obstáculos, mas é a sua cabeça que vai conseguir superar as dificuldades e projetar a riqueza que você busca.[4]

Se surgir algum problema, não se concentre nele, concentre-se na solução. Enquanto não vemos resultados, nós nos perguntamos se é possível ou não. Nossa mente é responsável por dar a resposta. Quando deixamos de perguntar se é possível e perguntamos: "O que eu preciso fazer para chegar aonde quero?", não existe mais obstáculos, só etapas a serem cumpridas. **Quem me ajudou a mudar essa chave mental foi minha coach de negócios Caroline Calaça.**

TENHA META PARA TUDO

Agora, você precisa aprender a construir uma Meta SMART, que é a forma mais simples de construir uma linha de metas. Algumas vezes pergunto sobre metas para meus alunos e eles dizem que a meta deles é criar um negócio on-line. Então, digo: "Se você montar esse negócio daqui a dez anos e não faturar nada, você ainda assim bateu a sua meta?". Sem metas é impossível saber se seu negócio está crescendo ou se seu projeto caminha como você previa, e é por isso que ela precisa ser específica. É a meta que servirá de termômetro para você saber se precisa mudar de rumo ou investir mais na estratégia que criou. Vamos ao que significa cada letra da sigla:

---

4 Se você quiser saber mais sobre gestão de projetos, vou deixar aqui um presente, que sugiro que você acesse agora, porém só vai vê-lo depois que acabar de ler este livro. Corra porque vai acabar (gatilho da escassez). Estou brincando, não vai acabar, não, usei apenas para lhe mostrar como gatilhos funcionam. <www.brunopinheiro.me/ebookgestao-projetos>. Acesso em: 29 ago. 2016.

Meta SMART

S (do inglês *specific*) – Sua meta deve ser e**s**pecífica e detalhada. Você precisa saber o valor dela em números, e só vale em números.

Exemplo: Quero fazer 120 vendas e faturar 40 mil reais no primeiro mês.

Um exemplo de meta errada é a inespecífica, que é mais comum do que você imagina, como uma meta que você já deve ter estabelecido desde que começou a ler este livro: "Lançar meu produto na intenet". Use números!

M (do inglês *mensurable*) – Sua meta deve ser **m**ensurável.

Como você vai medir sua meta? Faturamento, cliques, acessos, conversões, quilos perdidos? Saiba claramente a unidade de medida da sua meta, ou você não vai conseguir acompanhá-la de perto.

A (do inglês *attainable*) – Sua meta deve ser **a**tingível

Suas metas devem ser desafiantes, mas devem ser factíveis. Não imagine que vai faturar 1 milhão no primeiro mês, por exemplo. Veja o preço do produto, quantas pessoas você acha que pode atingir e construa uma meta alinhada com isso. Agora, eu vou adaptar a Meta SMART ao marketing. Escreva o que precisa fazer para atingir a sua meta. É aqui que começa o planejamento, pois você fará uma lista com todas as tarefas que deve cumprir para atingir a sua meta.

R (do inglês *relevant*) – A sua meta deve ser **r**elevante para você.

Tente buscar o valor central dessa meta. Ela está alinhada com seus objetivos de vida?

Se suas metas não o levam para mais perto de seu objetivo, não vale a pena atingi-la. Por exemplo, se você está fazendo isso para ter mais tempo para seu filho e poder brincar com ele todas as tardes, você não vai pensar no dinheiro que precisa ganhar e sim nas tardes de brincadeiras com seu filho.

T (do inglês *time-based*) – Sua meta deve ser temporal.

Ela deve ter uma data exata. Por isso, defina a data e o horário para que sua meta esteja atingida.

Portanto, uma meta válida é mais ou menos assim:

Fazer 100 vendas, faturando 50 mil reais com o meu produto principal, que lancei no dia 12 de julho, até o dia 12 de dezembro.

ENTENDER INVESTIMENTO *VERSUS* RETORNO

Mesmo que você comece sem muito dinheiro, sabe que vai investir no seu negócio o máximo que puder. Você precisa ter em mente que está construindo um negócio e que todo negócio requer um investimento. Tem dois elementos que mandam nos negócios, tempo e dinheiro, ou você tem um ou tem o outro. Se tiver os dois, vai muito mais rápido, se não tiver nenhum, vai ser muito difícil sair do lugar. Não existe milagre.

Seja comprando tráfego ou conteúdo. Se você compra anúncios, precisa saber se o que está pagando no clique vale a pena para o produto que vende, se compra conteúdo de um produtor, precisa ver se os artigos produzidos geram a conversão que você espera, analisando o ROI.

Tendo segurança, não tenha medo de investir. Se notar que começou a crescer, invista mais, continue respondendo ao ROI, por mais de um mês, invista sem medo. Não se esqueça de que, para percorrer uma jornada de 200 quilômetros, você precisa dar o primeiro passo.

Talvez a frase mais dura que eu lhe disse neste livro, e que costuma despertar milhares de pessoas durante os treinamentos, seja: "Se você está pensando em entrar na internet com a ideia de vender, você vai se dar mal". Estamos falando de metas e é claro que minha função é lhe ensinar a vender o máximo possível, a bater suas metas e faturar dinheiro, porque isso é o ponto principal de qualquer trabalho.

No entanto, quero chamar a atenção de novo para qual é o seu foco ao trabalhar. O seu foco, ao iniciar um negócio on-line, deve ser gerar muito valor, conhecer intimamente a persona de seu cliente e gerar um conteúdo que a ajude em suas dores e lhe fará atingir seus sonhos e desejos. Você precisa gerar tanto valor para essas pessoas que elas pagariam para ter o seu produto ou um produto indicado por você.

Este é o grande segredo de todo negócio: gerar valor, sem de início olhar para cifras de vendas. Se você começar pensando apenas em vendas, vai ganhar bem menos dinheiro, porque estará sempre no modelo mental de pensar em quantidade de itens vendidos no seu negócio, e valor é muito mais do que isso. Valor é algo que gera vendas espontaneamente e faz você ser mais bem remunerado do que o preço unitário que pensou inicialmente para determinado produto. Quando um cliente vê valor em um produto ou serviço apresentado por você, o preço vai passar a ser apenas um detalhe.

Antes de as pessoas comprarem definitivamente algo de você, elas estão cheias de bloqueios mentais, ou, como também são chamados, objeções. É por essa razão que eu ensino o funil de vendas, porque ele tem o poder de exterminar essas objeções. Mesmo que você venda imóveis de alto padrão. Mesmo que você venda produtos de emagrecimento, cosméticos, ou serviços variados. Não importa o tipo de produto, serviço ou treinamento que você venda, o grande foco que eu dou é ensinar para as pessoas uma forma eficiente, rápida e poderosa de gerar valor para o produto ou serviço que você tem em mãos.

O valor que você vai poder gerar é tão grande que as pessoas vão pirar, simplesmente ficarão malucas de vontade de até vender o mesmo tipo de produto que você oferece, ou indicar seus serviços. Agora, preste bastante atenção: dessa forma, você pode até ampliar a sua rede, caso trabalhe com algum tipo de marketing de rede ou nível, e aumentar de forma consistente e agressiva a sua margem de lucros. Como fez Leandro Fonseca, que você já conheceu.

Aplicando as estratégias que apresento aqui, o funil de vendas e a comunicação certa para a pessoa certa, Leandro conseguiu no primeiro mês 20 pessoas cadastradas no seu negócio como revendedores, algo que poucos podem dizer que fizeram. De acordo com o valor proposto por você, com o produto ou serviço que tem, é o cliente que vai definir no final se vai se tornar um cliente ou não, é o cliente que dita que você gera valor ao comprar ou não de você. Por isso, eu bato sempre nessa tecla, pois é isso que vai fazer um negócio altamente lucrativo no mundo atual, independentemente de ele ser on-line ou não.

Capítulo 7 | Acompanhe seus resultados e não tenha medo de mudar de direção

Encontre uma solução que seja real, palpável e ofereça para seus clientes o mapa para essa solução que eles tanto procuram. Muitos me procuram e não sabem o que vender, mas sabem em qual nicho atuar, por exemplo. Muitos me dizem "Fui arquiteto a vida toda e não sei o que vender on-line". Eu sempre aconselho a construir um site e começar uma lista de relacionamento, pois, quando você a tem, pode simplesmente perguntar à lista o que ela quer de você e eles lhe dirão.

Assim aconteceu com Carlos Mascarenhas, que trabalhou comigo como designer, e por alguns motivos encerramos nosso contrato, não por sua competência, pois ele é muito bom no que faz. Ele viu que sua mãe tinha comprado uma máquina de estampas para ter uma renda extra e não sabia o que estampar. Vendo a dificuldade dela, montou um pacote com estampas originais, criou sua isca digital e divulgou em grupos. Em apenas quatro dias, teve quase 1.500 pessoas interessadas em suas estampas gratuitas e dezenas de pessoas pedindo por cursos e serviços dele. De cara, ele fechou alguns contratos de serviço e, como não tinha nenhum ainda para vender, procurou um pronto e divulgou como afiliado um curso de Corel Draw, fez algumas vendas e ganhou de comissão 1.200 reais. Depois de sentir o gostinho de ter um negócio on-line, ele está montando seu próprio curso de design.

Não se trata apenas de negócios, mas de relacionamento. Ao conhecer o cliente e do que ele precisa, você está apto para ter algo prático para ajudá-lo. Estude primeiro o seu cliente e depois aja. Esse mapa da solução pode sair em diversos formatos: você pode empacotar o seu produto criando artigos, aulas on-line, vídeos com dicas de como usar os seus produtos, livros digitais ou físicos ou um programa de áudios (podcasts), encontros on-line ou sessões de coaching em grupo. A parte de criação da nossa atividade é a maior expressão artística do nosso trabalho, quando você percebe a importância que ela tem, você se entrega por inteiro para produzir algo tão claro, tão verdadeiro, que seu único objetivo será ajudar mais pessoas. O dinheiro se tornará uma consequência do seu trabalho, e, tratando-se de internet, você tem a possibilidade de escalar o seu produto. Isso significa que não há limites de ganhos. Como tudo no universo on-line, é um trabalho a partir de estatísticas fáceis que devem ser analisadas para que você saiba quando e como investir, e de quanto investimento vai precisar para realizar cada venda, e isso vale para um produto físico, digital ou prestação de serviços.

Um produto que resolva as dores — os problemas — das pessoas, mas que ao mesmo tempo as eduque. Um produto que pode ser de qualquer tipo de formato. Lembra que eu já falei do formato? Agora você começa a entender como ele pode ajudá-lo. A vantagem de um produto digital é que ele não tem estoque e ganha escala toda vez que você o vende. Ele valoriza a sua hora. Você passa a ser pago mais uma vez pelo valor que gera e não pelas suas horas trabalhadas, fazendo o rendimento gerado superar qualquer outra modalidade de plano de negócios, pois você trabalha apenas uma vez para produzir esse produto e passa a ganhar por ele muitas vezes, em toda venda que fizer. Resumindo, na verdade, estamos falando de uma oportunidade de negócio. Essa metodologia pode ser aplicada a qualquer produto, serviço ou área de atuação. Já a utilizei para vender viagens, lancha de 2 milhões de reais, imóveis, prato de comida, bois da raça red angus que custavam 200 mil reais, e qualquer outra coisa que puder imaginar.

O que o separa de seus sonhos e objetivos não é a distância a que você está deles, nem a velocidade com que vai percorrer essa distância, mas saber que está no caminho certo a partir do estabelecimento de metas e do acompanhamento de tarefas ao gerenciar projetos. O que o fez chegar até aqui não é suficiente para levá-lo para o próximo nível, e por isso você precisa sempre rever seu projeto e suas estratégias. Não tenha medo de mudar. É como se você fosse um piloto de Fórmula 1: você está dentro do carro, sente a pressão da corrida, ouve os gritos da plateia, mas em um instante nota algo de errado em seu carro. Você percebe que a equipe de mecânica não abasteceu o carro. Você olha para a frente e sabe exatamente o caminho que tem de percorrer. Você sabe que não é uma corrida fácil. No entanto, sabe também que esse pequeno detalhe vai impedi-lo de prosseguir. Então, precisa dar um jeito de correr o máximo possível com aquilo que tem. O método foi feito para essas pessoas, que estão com os cintos afivelados. Elas já conseguem olhar para a frente, verem-se conquistando a liberdade que tanto merecem.

" Você sabe que não é uma corrida fácil. No entanto, sabe também que esse pequeno detalhe vai impedi-lo de prosseguir."

Plano de ação

Agora, você vai pegar alguma de suas metas e estruturá-la no sistema SMART. Essa estrutura pode ser feita para qualquer meta profissional ou pessoal, desde planejar uma viagem até estabelecer o faturamento ideal de seu negócio. Quero que você pense em como vai medir os resultados e descreva tudo o que imagina para construir o seu negócio on-line de sucesso.

Qual é a sua meta SMART?

_____
_____
_____
_____
_____

Quais são as tarefas principais para chegar até ela?

1. _____
2. _____
3. _____
4. _____
5. _____

Agora, quebre as tarefas em pequenas tarefas, e anote-as na ferramenta de gestão de projetos de sua escolha. Crie um quadro com quatro colunas: *Tarefas, A fazer, Em andamento* e *Concluídas*. Coloque as tarefas na primeira coluna e escolha a primeira a ser executada e coloque-a na coluna *Em andamento*. Você pode começar desenhando no seu caderno ou em um quadro na sua casa mesmo, não importa, o mais importante é fazer.

Você vai pesquisar alguns softwares de autorresponder. Se tiver interesse, digite no Google: "Qual autorresponder eu devo escolher — Bruno Pinheiro" e veja as opções.

CAPÍTULO 8

Crie a sua vida

Estamos chegando ao final de nossa jornada neste livro, e gostaria de saber que você terminou a leitura e já começou a tomar os primeiros passos para a sua liberdade. Acredito que ainda existem milhões de oportunidades para gerar valor pela internet e fazer negócios de sucesso, e que, assim como eu encontrei o meu caminho, você também encontrará o seu.

Antes de terminarmos, gostaria de deixar algo que aprendi com a minha mãe: tudo é possível! É possível desfrutar a vida, é possível ter tudo aquilo de que precisamos para viver e ao mesmo tempo sermos aventureiros. Ela, que é minha grande inspiração, hoje mora na Noruega e foi dela que peguei o "bichinho da viagem" (ou *travel bug*, como os americanos brincam). Com ela, aprendi que, se focarmos em algo, tudo vai conspirar a favor, principalmente porque toda mudança é para melhor. O meu primeiro sonho era viajar o mundo e eu achava que era muito difícil conseguir isso.

Hoje, quando olho para trás, vejo que é mais fácil do que viver a vida que eu vivia antes de viajar. O custo de vida que eu tinha no

Brasil era de uma média de 10 mil reais, e com esse valor eu consigo viajar muito bem, e ganhar isso on-line é muito fácil, não preciso me matar de trabalhar e hoje ganho muito mais. Se você acha difícil, eu sou a prova viva de que é possível, é só uma questão de visão e mentalidade. Você precisa virar a chave mental para sair de toda essa escassez à qual foi condicionado. Quando estiver difícil, lembre-se de mim, adicione-me nas redes sociais, acompanhe-me. Eu sou a prova de que é possível quebrar os padrões. Só em 2016 consegui provar isso com centenas de alunos que fizeram o mesmo e hoje vivem 100% de rendimentos digitais.

Você construirá o seu sonho em vez de construir o sonho dos outros. Se você tem dificuldades para conseguir novos clientes ou marcar uma nova pessoa na sua agenda de atendimentos, é porque precisa ser visto como uma pessoa com autoridade e construir a audiência. E quando isso acontece é porque as pessoas reconheceram o valor de seu serviço e, assim, o valor e a procura de sua hora de trabalho aumentam.

Hoje, por exemplo, não entro mais em projetos de consultoria por menos de 100 mil reais, pois, para mim, não vale a pena. Já fiz esse mesmo processo com dezenas de pessoas. Agora você pode me perguntar: "Bruno, como empacoto meu conhecimento para educar o meu cliente? Para vender serviços, para conseguir transformar o que sei em um curso, vender consultoria ou para conseguir novos agendamentos?". O primeiro passo é conhecer muito bem o seu cliente. Devemos aprender a enxergar o mundo com os olhos daqueles que lutam com os desafios diários, a partir daí escolha um modelo de negócio.

Quero que conquiste essas coisas, por isso estruturei este método para que você possa crescer e ajudar outras pessoas a crescer e a mudar a realidade na qual vivem agora. Vamos repassar o que vimos até aqui?

Antes de tudo, você precisa saber muito bem quem você é:
1. Pense em que você é bom e qual é o seu propósito de vida. Para isso revisite os capítulos 1, 2 e 3, e não tenha preguiça

de perguntar coisas sobre si mesmo. Pergunte para as pessoas próximas qual talento elas enxergam em você e como você as ajuda. Toda informação vale, o que importa é que você entre em contato com seu propósito e com o que tem a oferecer para os outros. Avalie sua vida com a Roda da Vida periodicamente e não tenha medo de encarar o que precisa ser mudado para que você caminhe em direção à sua felicidade. Às vezes, estamos caminhando para o lado oposto e mal percebemos isso por estarmos tão presos a obrigações, horários e ideias preconcebidas de quem somos. Não caia nessa armadilha, saiba que você mesmo é seu maior amigo, mentor e colaborador.
2. Construa uma base sólida para a sua empresa. Para isso você precisa alinhar o seu propósito com a sua ideia. Passei algumas formas de fazer isso nos capítulos 3 e 4. Tenha claro quais são a missão, a visão e os valores de sua empresa.
3. Entenda seu nicho de atuação e quem é o seu cliente. Dedique tempo a estudar a persona, e lembre-se da lição de ouro: quem começa um negócio pensando apenas em vender por vender vai se dar mal. Seu foco precisa ser gerar valor. Então, veja como pode ajudar a persona, pense no que ela come, por onde anda, quem ela ama, pelo que ela daria a vida, quais são os medos dela. Existe muito para descobrir sobre o nosso público e, quanto mais você descobre, mais formas encontra de gerar valor para ele.
4. Escolha seu modelo de negócio. Veja alguns modelos no Capítulo 4. As possibilidades são infinitas e até quem não sabe o que fazer, mas sabe que quer empreender, é contemplado. Pesquise sobre o modelo de negócio que você vai escolher, veja quem já atua nele, quem são seus principais concorrentes e tente enxergar algo que falta nesse mercado.
5. Construa um funil de vendas, conforme conversamos nos capítulos 5 e 6. Com o funil, você amplia as três peças-chave de seu negócio: audiência, autoridade e engajamento. Seu objetivo é gerar valor, educar o cliente para consumir seu produto e

quebrar as objeções dele. Use os gatilhos mentais do Capítulo 6 para prender a atenção das pessoas e criar um relacionamento com elas.

6. Tenha Metas SMART e acompanhe-as. Você precisa ter metas bem definidas, como lhe ensinei no Capítulo 7, e elas precisam ter números para que você saiba que as atingiu, assim como data e até hora para acontecerem. Se você enxergar que não as atinge, é o momento de mudar de direção. Não tenha medo de virar a sua empresa para outro lado, vender outra coisa, ou rever seu modelo de negócio. A internet nos oferece a chance de ter uma empresa mais leve e que comporta esse tipo de manobra. Tenha metas para saber reconhecer seus resultados, se eles não aparecerem, rastreie o seu processo de funil de vendas e mude de direção!

7. Faça gerenciamento de projetos. Não se esqueça de planejar o mínimo necessário e não o máximo possível. Use ferramentas para ter um mapa mental e uma lista de tarefas que você possa acompanhar com facilidade. Isso ainda vai salvar a sua vida e até a sua alma! Todos nós nos sentimos perdidos e desmotivados de vez em quando. Só os verdadeiros empreendedores sabem como sair dessas ruas sem saída de problemas. Ter planejamento e mapas mentais claros é a sua rota de fuga dos problemas.

A última lição que quero deixar antes de você ir atrás da sua liberdade é: depois de ter feito tudo isso, certifique-se de que você vai entregar o produto! Parece engraçado dizer, mas a maioria das pessoas que usam as estratégias que passei aqui não está preparada para vender tanto quanto o número de clientes que atraiu. Se você trabalha com produtos físicos, tenha certeza de que tem estoque para entregar o produto. Se trabalha com serviços, garanta que sua agenda está liberada, porque a entrega sempre deve ser feita.

Um de meus alunos, Leonardo Brescia, dono da loja River Style, desenvolveu uma simples estratégia e teve dois meses de faturamento em apenas sete dias. E isso só com quatro e-mails enviados! Ele vendeu mil camisetas e você precisava ver a felicidade da equipe levando as caixas para o correio. Ele comenta que até a atendente dos Correios tinha comprado, já as outras pessoas comentaram que nunca tinham visto tanto material levado de uma vez só e acharam estranho. Isso é só uma das coisas que acontece no universo on-line, o poder de trabalhar dentro de casa ou em qualquer canto do mundo. Quando você trabalha fora do escritório, ao lado de quem você ama, e onde você fica concentrado várias horas construindo um projeto que lhe dê liberdade financeira, você encontra um motivo. Porque não tem ninguém atrás de você, não há pressão, porque você sabe de suas responsabilidades e age em favor delas. Além disso, na internet, você pode encontrar colaboradores e parceiros que estão muito distantes de você, mas com os quais pode se reunir por Skype — como eu mesmo faço com a minha equipe.

Eu tenho um aluno empresário e proprietário de uma escola de aviação em São Paulo, Salmeron Cardoso, dono da CEAB, que controla por câmeras e está trabalhando para se tornar 100% on-line. Ele acredita nesse novo modelo que proponho. Um novo modelo de vida e de negócio.

Quero ver você, assim como eu, atingir as três liberdades: geográfica, financeira e de tempo. Consigo levar meus negócios para todos os lugares e já trabalhei na Tailândia, no Marrocos, na Europa, na América Latina, e não pretendo parar por enquanto. Lembro uma vez que ministrei uma palestra no ICEX e, antes de mim, entrou um dos palestrantes que representava a Saint Gobain. Em sua apresentação, ele disse que a empresa estava presente em dezenas de países. Assim que ele passou o microfone para mim, eu disse que a minha já estava em mais de 30 países, arrancando risos da plateia — mas eu não estava mentindo!

Eu fico eternamente grato com a repercussão que meu trabalho tem tido na imprensa, na cobertura de meus eventos pelas grandes redes de televisão, porque, no final da minha vida, quero olhar para trás e ver que a minha história e o meu conhecimento foram significativos para as pessoas,[1] pois é isso que eu ensino para os meus alunos: gerar valor e transformação na vida de alguém. O meu objetivo neste livro foi abrir a sua mente para a riqueza e a liberdade que você merece; foi lhe mostrar como a internet é um lugar incrível para o seu negócio atual, caso você tenha um, e também um lugar de novas oportunidades, caso hoje se sinta perdido e não saiba o que fazer da vida.

Muitos falam de crise. Sim, ela existe, é claro que existe, as pessoas estão perdendo empregos e até a esperança de que um dia possam ter uma vida melhor. Em contrapartida, penso que o dinheiro continua no Brasil, você concorda comigo? Então ele está apenas mudando de mãos. Saindo das mãos dos grandes, que fazem a mesma coisa há 20 anos, e sendo distribuído para muitos, que estão inovando e entendendo o novo consumidor, que compra e se relaciona on-line. Você sabia que a cada minuto, 470 vendas são feitas virtualmente? Nos últimos dez minutos, 4.700 vendas foram feitas on-line. Por minuto, são gerados 79.670 reais de faturamento, em 10 minutos, temos 796 mil reais.[2] Alguma dessas vendas foi sua? Ou foi de seus concorrentes? Apenas metade dos brasileiros está na internet, então esse número só tende a crescer cada dia mais. No mercado em que eu estou inserido, não vejo crise, pelo contrário, vejo muitos novos milionários surgindo e os números não param de crescer.

Inicialmente, quando a internet foi criada, ela tinha o objetivo de servir apenas como meio de comunicação. Hoje, tornou-se um campo vasto e fértil para novas oportunidades. Para mim, está comprovado que o universo on-line não é somente a melhor forma de sair da crise atual, como talvez seja a forma mais expressiva para você alcançar as três liberdades:

---

1 Uma das reportagens mais interessantes foi a do *Pequenas Empresas & Grandes Negócios*, da Rede Globo: <http://brunopinheiro.me/cursos/pequenas-empresas-grandes-negocios/>. Acesso em: 29 ago. 2016.

2 Disponível em: <http://www.ebit.com.br/webshoppers>. Acesso em: 29 ago. 2016.

- liberdade de tempo: em que você escolhe a hora de trabalhar e também aprende a automatizar muitos processos, ganhando mais tempo de forma inteligente;
- liberdade geográfica: em que você pode escolher onde quer trabalhar, desde que tenha conexão com a internet. Hoje, eu estou na França, por exemplo;
- liberdade financeira: pois, por estar agora conectado com milhares de pessoas, a sua voz será ouvida, e se antes você sentia dificuldade de vender o seu produto ou serviço, agora você sabe como fazê-lo, e passa a ser muito simples.

Agora, por exemplo, a sua vida é diferente. Você pode lotar a sua agenda com novos clientes ou pacientes, e é possível atendê-los pela internet. É algo com que você não se preocupa mais. Quando temos essa chave nas mãos, a chance de vender muito passa a ser possível, e enxergamos isso como um novo recomeço.

O desafio de ser empreendedor on-line pode ser muito mais simples se você souber o que fazer, como fazer e quais ferramentas utilizar. Quando você sabe as estratégias corretas, o processo se torna muito mais simples. Acredite em mim. É natural, neste momento, você chegar a acreditar que esse tipo de negócio seja impossível para você, ou que isso pareça até uma ilusão ou mágica. Eu entendo. Se eu não tivesse visto com os meus próprios olhos isso acontecendo na minha vida, na de meus alunos e na de meus clientes, que aplicaram o método e alcançaram (ou até ultrapassaram) o resultado que tanto esperavam, também não acreditaria.

No entanto, vou adiantar: é simples, mas não é fácil. Esse novo modelo de negócio, apesar de ser estruturado de uma forma totalmente prática, precisa de tempo para acontecer. Como você pôde acompanhar até aqui, este livro não foi escrito para pessoas que acreditam em dinheiro fácil e fórmulas milagrosas. Ele não é para quem não tem o desejo de empreender. O método que apresento aqui não é pirâmide ou qualquer outro tipo de esquema ou coisa parecida. Ele foi feito para pessoas comprometidas com a verdade, que vão trabalhar para construir seu futuro e alcançar as três liberdades.

Espero que você entenda que aqui estão mais do que técnicas de marketing. O método é a combinação de como o ser humano reage à compra de um produto. Mesmo que a tecnologia fique mais avançada, o método vai funcionar. Sabe por quê? Porque você estará sempre vendendo para pessoas, e o ser humano não muda o comportamento. Ele está repleto de padrões fixos e ações. Esse método foi feito para ser para você uma solução prática e possível de se executar. Ela será poderosa o suficiente para causar um impacto em seus negócios e influenciar sua forma de trabalhar. O método foi feito em passo a passo para que você execute e crie o negócio que vai te trazer a famosa liberdade.

Meu método é um sistema que entende a psicologia humana e o que é preciso para vender, usando como base o universo on-line e técnicas de marketing. O que é mostrado nesse método é tão seguro que você aprende como analisar de forma fria cada passo que dá em seu produto, antecipando, assim, sua visão do que pode acontecer. O meu objetivo ao organizar esse método foi coletar toda a minha experiência ao trabalhar com marcas gigantescas e ter vendido mais de 30 milhões de reais online. O que ensino nesse método só estava acessível a grandes executivos de marketing; é um segredo guardado a sete chaves. No entanto, resolvi quebrar esse silêncio e transferir esse meu conhecimento para você, de forma ultra, ultradidática. A única coisa que você precisa fazer é executar exatamente os passos que eu ensinei ao longo dos capítulos, que são extremamente rápidos e objetivos. E, depois, fazer os exercícios práticos, pois é por meio deles que poderá construir o seu negócio.

Imagine se tornar dono do seu tempo. Agora, imagine ser dono do seu próprio dinheiro e não pensar em contas a pagar. Imagine ter mais tempo para fazer o que gosta, ou até ficar com sua família. Imagine também encontrar um lugar em que se sinta seguro e bem para desenvolver sua liberdade ou seu negócio. Você vai passar a trabalhar com o que realmente gosta de fazer, com o que lhe dá prazer, onde quiser, em um negócio de baixo risco e com alto retorno. Como você vai ver mais adiante, este método é mais completo do que você imagina.

Dan Cortazio faz algo semelhante. Ele vive como nômade digital desde 2008, o que significa que trabalha pela internet e só precisa do computador para ganhar dinheiro, o que lhe permite um estilo de vida livre e mais feliz. No seu site, ele afirma que largou um ótimo emprego na Nova Zelândia, em 2008, para se tornar o primeiro nômade digital brasileiro, e já viajou quase 40 países desde então.

Ele trabalhou o suficiente para que empresas como o Google e outras companhias de internet financiassem suas andanças pelo mundo. Seu segredo foi ter a coragem para sair da zona de conforto, encarar o novo e adquirir conhecimento empírico. Ele diz que as propriedades web (canais de comunicação) que cocriou já alcançaram mais de 100 milhões de pessoas, e que apenas um de seus sites atingiu 62 milhões de pessoas em mais de 200 países e territórios dependentes. Ele trabalha com uma equipe para servir milhares de páginas de conteúdo e anúncios todos os dias, e desde 2015 iniciou as operações da Taboola no Brasil, a maior plataforma de descoberta de conteúdo do mundo, que alcança 750 milhões de usuários todos os meses. Em menos de um ano, o crescimento foi muito superior a 1.000%. Dan Cortazio investe na sua liberdade enquanto constrói uma carreira de sucesso. Mas para isso ele precisou dar o primeiro passo.

Você está pronto para dar o seu primeiro passo?

Plano de ação

Responda à pergunta do final do capítulo e, caso não esteja pronto, liste tudo o que precisa fazer para dar o primeiro passo. É muito importante que escreva, pois a chance de você realizar o que deseja se torna maior. Aconselho que você insira todas as tarefas no quadro de tarefas.

Pense em seus sonhos mais loucos, aqueles escritos no Capítulo 1. Eu posso afirmar com toda convicção que, se você decidir empreender, poderá realizar todos eles, basta apenas uma coisa: decidir realizar e dar o primeiro passo.

Lembre-se de que sucesso é uma decisão.

CAPÍTULO 9

Eu criei a minha vida, e desejo o mesmo para todos

"A vida é curta, por isso não faça dela um rascunho,
pois pode não dar tempo de passá-la a limpo."
Christian Barbosa, em *A tríade do tempo*.[1]

Para mim, este livro é maior do que apenas ensinar um método infalível para conseguir empreender e conquistar a liberdade. Eu o escrevi porque acredito que ele faz parte de minha missão de vida e também porque vejo, todos os anos, que é para esse lado que o mundo vai.

Neste momento, vivemos num sistema de trabalho e remuneração doente, que não respeita os avanços tecnológicos já conquistados pelas pessoas e que está em colapso. De um lado, os empresários sofrem para pagar direitos trabalhistas, impostos e manter empregados que são caros demais para oito horas de trabalho nem sempre produtivas. De outro, estão os funcionários, que, mesmo caros para o chefe, continuam ganhando muito pouco e não conseguem uma vida com

---

[1] BARBOSA, C. *A tríade do tempo*. Rio de Janeiro: Sextante, 2011.

dignidade ou sequer segurança financeira. E ainda há a liberdade, a tão sonhada, que hoje é um artigo de luxo tanto para empresários como para funcionários, tanto para ricos como pobres.

Esse sistema está ruindo, e para confirmar isso é só pensar nos dados de doenças emocionais e mentais que a rotina exaustiva das grandes metrópoles está gerando nas pessoas. Estima-se que, no Brasil, 30% dos funcionários sofram de síndrome de Burnout,[2] ou seja, estão completamente exauridos física e psicologicamente pelo excesso de trabalho e de pressões de entrega, que os torna infelizes e menos produtivos.

Eu acredito que esse parorama vai nos obrigar a repensar as relações produtivas, deixando as empresas mais leves e finalmente usando a tecnologia para nos fazer trabalhar menos, mais conectados, com mais produtividade e liberdade geográfica. Hoje, eu tenho um modelo de negócio com que sempre sonhei, estou escrevendo este capítulo agora em um hotel em Barcelona, com minha filha pulando no meu peito e minha equipe trabalhando remotamente, cada um no local que mais deseja estar. Meu gestor me disse hoje que prefere trabalhar de manhã a trabalhar de madrugada, e, para mim, se ele consegue me entregar o que lhe é pedido, não tem problema nenhum.

Além de nossa necessidade de sustento, é da natureza humana trabalhar e gostar de produzir algo que seja útil para a sociedade, e sinto que com este livro ajudo um pouco a abrir a cabeça das pessoas para que ganhem dinheiro sem se sacrificarem, empreendendo de qualquer lugar, com tempo para a família e dignidade.

Muitas vezes, estamos nos matando de trabalhar para uma vida de que não precisamos. Por exemplo, analisemos as festas de aniversário de 1 ano de qualquer criança: você acha que seu filho precisa de um bufê, de palhaços, de luxo? Em geral, vejo bebês mais felizes cantando "parabéns" com a mãe antes de tomar banho em casa do que em

---

2 Disponível em: <http://www.administradores.com.br/mobile/artigos/carreira/sindrome-de-burnout-e-tema-da-materia-de-capa-da-revista-administradores/96005/>. Acesso em: 29 ago. 2016.

Capítulo 9 | Eu criei a minha vida, e desejo o mesmo para todos

festas majestosas, nas quais se cansam e muitas vezes se assustam. Será que as crianças precisam falar um segundo idioma antes dos 4 anos, ou seria melhor saber que elas podem contar com o pai ou a mãe na porta da escola todos os dias, e que depois eles vão sair para fazer uma caminhada juntos sem pressa, só para olhar a rua e jogar conversa fora?

E viajar? Será que viajar é tão caro assim ou é você que com o tempo ficou medroso, precisa de agentes de viagem, hotéis mais caros, coisas mais luxuosas para compensar o estresse que passa nos outros meses do ano para pagar por isso tudo? Tanto para o bem do planeta quanto para o nosso, é melhor diminuir o consumo de bens supérfluos — e é exatamente por isso que escolhi vender conhecimento. Faz parte de minha missão e não ocupa espaço nem pode ser ocioso. Então, sugiro que você aproveite que está criando uma nova vida e analise quais são suas reais necessidades. Pense se não é possível optar por coisas mais simples e ter mais tempo com a família, uma relação mais profunda com seus parentes e uma dinâmica mais harmoniosa com seu corpo e o espaço onde vive.

O primeiro passo para virar a chave mental é realmente sair do vício de fazer tudo pensando no que os outros vão pensar de nós. Quero que você siga o plano aqui apresentado, mas, principalmente, que deixe o medo lá na primeira página do livro, porque você vai precisar se expor para ter a vida que sempre quis. Não pense no que os outros vão falar, crie conteúdos, vídeos, lance seus produtos e sua empresa e pense, para quebrar a barreira da vergonha, na vida que vai ter, e não no que seus amigos mais próximos vão falar — porque eles é que vão fazer perguntas quando o sucesso chegar. Acredite em mim, no modelo de negócio que mais dá dinheiro você se expõe, e precisamos perder o medo de julgamentos.

Um livro que me marcou muito foi *A tríade do tempo*, de Christian Barbosa. Ele ensina gerenciamento de tempo com base na filosofia que adotei, focada no propósito de vida das pessoas. Afinal, só vale a pena gerenciar seu tempo e ter disciplina com suas tarefas se atrás delas houver um grande sonho. O meu sonho engloba ajudar as outras pessoas a criar o estilo de vida delas. Hoje, meu propósito é fazer as pessoas conseguirem realizar seus objetivos e alcançarem a liberdade a partir do empreendedorismo por meio de estratégias digitais para alavancar os seus negócios.

Mentalidade é tudo para fazer uma mudança e criar uma nova vida. Não podemos viver algo que não conseguimos visualizar. Absolutamente nada do que fazemos dá certo com a mentalidade errada. O negócio on-line é uma bolsa de valores, precisa de sua mentalidade fortalecida para dar certo. Até para o sucesso você precisa se preparar, porque ele vai significar uma quebra de paradigmas na sua vida e pode causar muito desconforto para quem não está preparado.

Quando faltava apenas um mês para eu faturar meu primeiro milhão on-line em um único mês, estava conversando com a Angela Di Verbeno, uma das histórias que você conheceu aqui e que na época era minha mentoranda, quando ela me perguntou: "Bruno, você está preparado para ser milionário?". Foi uma pergunta forte e sobre a qual pensei muito para poder chegar à conclusão de que eu estava muito convicto e preparado para isso.

Eu já vinha me preparando havia alguns anos para começar aquele negócio que no momento tinha apenas um mês de vendas. Não foi simplesmente abrir um site e faturar alguns milhões, como muitos acreditam. Pode parecer absurdo eu perguntar isso agora para você, por que quem não estaria? Pois eu lhe respondo, a maioria das pessoas não estão preparadas para ser milionárias. Se isso tudo tivesse acontecido cinco anos atrás, com certeza eu não estaria. Precisamos moldar a nossa mente para ir mais longe, pensar em números maiores, encontrar horizontes mais amplos, porque não fomos criados dessa forma!

Bom, agora você tem basicamente três opções. A primeira opção é não fazer nada. Terminar de ler este livro e dizer "Ok, eu aprendi, foi bom ter aprendido", mas desconfio que, se leu até aqui, se fez pelo menos um dos exercícios do plano de ação, não existe mais a opção de não fazer nada. Afinal, sua mentalidade já foi transformada, porque você já consegue entender o poder que isso tem, e consegue perceber como o mundo digital tem mudado o comportamento das

Capítulo 9 | Eu criei a minha vida, e desejo o mesmo para todos

pessoas que estão à sua volta. Esse método de vendas já existe pelo menos há uns dez anos nos Estados Unidos, e está chegando só agora aqui. Estamos começando a viver a realidade de algo que já deu muito certo lá fora. Imagine você com esse método em mãos daqui a dois anos, com seu negócio já montado e rodando no piloto automático.

A opção de não fazer nada já não existe mais. A segunda opção é a minha, e é a mesma das pessoas que estão no topo desse mercado, aquelas que começaram há mais de 10, 12, 15 anos, ou seja, estudar sozinho, testar muito, praticar e correr todos os riscos. Você consegue aprender a fazer a estrutura de um produto sozinho. Você consegue também fazer uma campanha de anúncios, Google etc. sozinho. Você consegue aprender sozinho a gerenciar um projeto on-line. Você também consegue aprender sozinho a escrever um texto de vendas. Você vai conseguir aprender sozinho a fazer um funil de vendas. No entanto, pode demorar anos e anos, e quem está nesse mercado sabe que para aprender tudo isso com a qualidade e a excelência com que eu ensino vai demorar pelo menos três anos.

Não se trata de fazer de qualquer forma, gastar dinheiro e deixar por isso mesmo. É fazer para ter resultados. Eu foco nisso. E não é só o dinheiro. É o tempo também. Imagine quanto você vai gastar testando o que não sabe se dará certo ou não, se as pessoas vão comprar ou não. O que eu ensino é o que eu utilizo na minha empresa todos os dias, e você sabe que isso é verdade – se chegou a este livro, é porque ele lhe foi recomendado de alguma forma.

Então a segunda opção é aprender sozinho. É lógico que dá certo. Contudo, é uma opção, sem sombra de dúvida, muito mais cara, que leva muito mais tempo e será muito mais estressante.

Já a terceira opção é começar a aplicar o que está aqui, ciente dos passos que deve dar. Essa opção é a mais rápida e mais barata, trata-se de começar agora mesmo seu novo projeto de vida.

Basta simplesmente o desejo profundo e ardente de aprender, uma determinação cheia de vigor para aumentar sua capacidade de gerar resultados. Queremos resultados. E como você pode desenvolver essa habilidade? Lembrando constantemente como esse conhecimento, posto em prática, pode mudar o rumo de seus negócios e de sua vida. Imagine que dominá-los vai auxiliá-lo a ter uma vida mais rica, mais feliz e mais proveitosa. Saiba que são suas decisões, e não suas condições, que determinam seu destino.

    Eu não vou ensinar o que você já sabe, mas vou lhe mostrar como utilizar o conhecimento que já existe em você para que agora possa ser recompensado por todo o seu esforço e para que sua mensagem seja levada para o Brasil todo, ou até para o mundo. Você vai descobrir que o piloto automático é mais do que automatizar processos repetitivos: ele é responsável por lhe dar mais liberdade de tempo. Com o seu negócio ajustado, você encontrará a forma certa de ampliar os horizontes de seu negócio. Isso vai ser apenas uma questão de tempo, acredite em mim.

    Você é muito maior do que imagina. Acredite: muitas vezes está subestimando seu potencial e não tem noção do que é capaz de fazer. Acompanhei centenas de casos de alunos cujas ideias são mortas pela própria família e pelos amigos que não acreditam neles. Busque estar próximo de pessoas que acreditem em você e de pessoas que o ajudem a colocar suas ideias em prática. Eu acredito de verdade que você, como empreendedor, pode passar longe da crise. Eu acredito que você pode resolver os problemas de milhares de pessoas e me ajudar a transformar o Brasil e o mundo.

    A mudança começa hoje. Poste agora uma foto do livro, com o seu sentimento final e marque a hashtag #livroemprendasemfronteiras. Será um prazer saber quão transformador foi este livro em sua vida, pois são esses comentários que me fazem produzir mais e mais[3].

    Um grande abraço e nos vemos pelo mundo.

---

3 Eu gravei uma mensagem de despedida para você e gostaria que a visse. Acesse agora: <www.brunopinheiro.me/despedida>.

"Eu acredito de verdade que você, como empreendedor, pode passar longe da crise. Eu acredito que você pode resolver os problemas de milhares de pessoas e me ajudar a transformar o Brasil e o mundo."

Plano de ação

Aproveite a vida, ela é apenas uma. Viva o maior número de experiências possíveis.

É isso mesmo, não se esqueça de por que você está fazendo tudo isso. Criar seu negócio de sucesso significa ter mais tempo, mais liberdade e poder aproveitar a vida — cada minuto dela. Não perca tempo, ele não volta!

ESPERO TE ENCONTRAR
AO VIVO

Me adicione e me siga nas redes sociais:

 (19) 98987-6856

 /brunonogueirapinheiro1

 @brunopinheiro.me
@familiasemfronteiras

 youtube.com/brunonpp

Acesse agora:

www.brunopinheiro.me/redessociais

Este livro foi impresso pelas Edições Loyola
em papel norbrite 66,6 g.